夫婦1年目の

お金の教科書

夫婦生活はお金の相性で決まる!

坂下仁
Sakashita Jin

ダイヤモンド社

はじめに

なぜ、お金が「足りない」のか？

なぜ、お金が「貯まらない」のか？

なぜ、お金で「不安に思う」のか？

結婚した途端に、子供の教育や老後、マイホームなど、お金の悩みがいきなり増え始めたのではないでしょうか。


このような悩みが本書でなくなります！

タイトルこそ『夫婦1年目のお金の教科書』ですが、熟年夫婦にも、これから結婚するカップルにも役立つ内容です。なぜなら、**夫婦生活はお金の相性で決まる**からです。

恋はあっという間に冷めますが、夫婦生活は50年にも及びます。なぜそんなにも長い間、一緒に暮らせるのか。それは**夫婦にお金という最強の絆がある**からです。

恋人には「心の絆」と「体の絆」の2つしかありませんが、夫婦には「お金の絆」が加わります。**恋人と夫婦との決定的な違いは「お金」**なのです。
だから離婚の原因もお金です。裕福な家庭ほど離婚しません。アメリカ人は2組に1組が離婚しますが、億万長者の92％は離婚経験がありません。[*1] 日本人は3組に1組が離婚しますが、離婚率は年収300万円以下が42・9％、500万円以下が31・7％なのに対して、1000万円以上は1・6％だそうです。[*2]
では、お金さえあればいいのかというと、そうではありません。お金がないからと、嘆く必要もありません。なぜ、そう言い切れるのかというと、私にはお金で天国と地獄を見てきた過去があるからです。

私はもともとメガバンクの銀行員でした。25年以上にわたって顧客の資産運用や融資をサポート。住宅ローンやアパートローンから始まって、数百億円規模のプロジェクトに至るまで、数千件の融資案件に関与。本部では投資商品やローンの企画・推進にも携わり、全国の支店長を指揮・指導してきました。
ここまでは表向きの顔です。じつはこの陰に、当時は誰にも言えなかった裏の顔がありました。私はFXと株の信用取引で大損し、数千万円の借金を抱えて破産寸前までいった銀行員だったのです。

そんな私ですが、熟年夫婦となった今でも新婚並みにラブラブです。なぜ、夫婦円満でいられるのか。それは、「お金の正体」に気づくことができたからです。そして何よりも、そんな私を見捨てずにサポートしてくれた妻のおかげです。妻のおかげで私は、「夫婦の正体」にも気づくことができました。

ざっくり「見える化」でお金が増える

お金の正体とは感謝の気持ちです。数字で表現できるので、増える理屈はとてもシンプルです。貯めれば増えるから「足し算」が通用する。ムダづかいをすれば減るので「引き算」も通用する。正しく運用すれば増えるので「掛け算」も使えます。ところが現実は、理屈通りには行きません。なぜなら、基になる数字が見えていないからです。

今、あなたの貯金残高や伴侶の貯金残高がいくらか、答えられますか。

あなたの財布や電子マネーには、いくらお金が入っていますか。

先月の生活費はいくらでしたか。

昨年1年間に支払った税金と社会保険料の合計額を知っていますか。

元の数字がわからなければ、足し算も引き算も掛け算もできません。そこで数字を把握するために、多くの人が家計簿にチャレンジしますが、ほとんどが長続きしません。

また、多くの人がお金の本などを読み、お金を増やすつもりで投資商品を買いますが、投資商品の大半は引き算しかできないので、逆にお金が減っていきます。これではいつまで経っても、お金の悩みは尽きません。

ではどうすれば、お金を増やせるのか？

それは、お金という数字をざっくり「見える化」し、お金が増える足し算「＋」の収入を見つけること。そして、お金が減る引き算「－」のムダづかいをやめることです。

そのうえで、お金が増える掛け算「×」の金融商品と、お金が減る引き算「－」の金融商品を、ざっくり見分けられるようになることです。

つまり、お金という「数字」と「＋」「－」「×」とが、ざっくり見えるようになればいいのです。難しい金融知識はいりません。夫婦になることで自由に使えるお金が減るどころか、本来「＋」になるものだとわかるでしょう。

お金も投資商品も保険もマイホームもすべてそうですが、この世の資産や負債や商品は、中身がよく見えません。

でも中身が「ざっくり」見えるようになれば、「ざっくり」計算できる。「ざっくり」わかれば、掛け算「×」の投資商品を買ったつもりがじつは引き算「－」の金融商品だった、ということもなくなります。

このように、私が紹介する**「ざっくり見える家計術」**は、面倒くさいことを一切やらないので、挫折することもありません。

はじめに

夫婦のお金の不安をこの一冊で解消する！

本書でお伝えする内容は、とても「ざっくり」しています。お金との付き合い方と夫婦の付き合い方には、共通点がある。それは「ざっくり」した間合いです。お金と仲良く付き合っていく秘訣《ひけつ》と、夫婦円満に何十年も連れ添う秘訣は、いずれもざっくりとした適度な距離を保つことなのです。

幸せな夫婦生活とお金は、このように切っても切り離せません。それくらい大切なことなのに、「夫婦とお金」について掘り下げて語られた「教科書」はこれまでありませんでした。

確かに、お金の専門家で、かつ夫婦関係の専門家でない限り、おいそれとは語れません。そんな教科書をなぜ私が書けるのか。それは私には銀行だけが得する投資商品を全国の支店長と行員に売らせた罪を償うため、セミリタイアしたあと、非営利型一般社団法人「お金のソムリエ協会」を設立したいきさつがあるからです。そして現在、数十名の認定講師の先生と一緒に、ご夫婦や子供向けにお金の教育活動を始めています。

本書では、「夫婦のお金編」「家族の住まい編」「貯金・投資編」「老後の備え編」と、夫婦の大きな悩みをざっくりと、4章に分けて紹介します。

はじめに

ご主人の言い分、奥さまの言い分、どっちも正しく、どっちも正しくない場合があります。夫婦で意見が分かれることは日常茶飯事。夫婦がよくモメるテーマから生まれた疑問を基に、私がベストなソリューションを42項目にわたって紹介していきます。

人生の三大出費（教育費・住宅費・老後資金）は、私のざっくり計算で、平均6600万円かかります。数字だけ見ると、ぎょっとしますが、本当に6600万円必要なのか、考えてみてください。これを機に、「お金の正体」を探ってみると、思わぬ発見があると思います。ぜひ、最後まで読んで、お金の正体をつかんでいただきたいと思います。


伴侶を信頼し、お金を信頼するからこそ、適度な距離をおくことができる。

適度な距離があるからリラックスできるし、お互いに疲れない。

でも離れすぎないから、お互いのことやお金の状態が何となくわかる。

何となくわかるから、互いにサポートできるし、お金の不安を解消することができる。

夫婦もお金も、心地よい間合いが大切だということ。だから本書もぜひ、肩の力を抜いて、リラックスしながら読み進めてください。

おきたいお金のこと

三大出費（教育費・住宅費・老後資金）で 6600万円必要？

子供が生まれたら「教育費」、家族の住まいに「住宅費」、老後の生活に必要な「老後資金」、ざっくり計算で、**6600万円**必要かも……。どうすれば貯まる？？

➡P157

教育費（子供2人の場合）

600万円＋児童手当200万円×2

ざっくり **1000万円**

子供2人の場合、児童手当は一人当たり15年間でざっくり**200万円**。幼稚園から大学まで**1080万円**かかるので、**600万円強**、必要になる。

➡P177

幼稚園から高校まで 541万円

＊国公立の場合
＊平成30年度「子供の学習費調査」

大学4年間539万円

＊日本政策金融公庫　平成30年度「教育費負担の実態調査結果」

住宅費

ざっくり **3600万円**

注文住宅、土地付注文住宅、建売住宅、マンション、中古戸建、中古マンションの取得金額のざっくりとした平均値。でも、本当に買うのがいいのか、要検討かも？

➡P97

＊住宅金融支援機構「2018年度フラット35利用者調査」

もしも買うなら、60歳までに。返済比率は35%が正解？

60歳以降の給与は激減するので、**60歳**までに返済。退職金はあてにしない。返済比率は**35%以下**なら融資されるかもしれないが、**2割**に抑えたい。

➡P113、P119

さもないと

実質破産第2位が住宅購入!?

個人再生事件の負債原因のトップが「生活苦・低所得」。次に多いのがなんと「住宅購入」。

➡P113

＊日本弁護士連合会「2017年破産事件及び個人再生事件記録調査」

老後資金

?? **2000万円**

突然、降ってわいた2000万円不足問題。本当に2000万円必要なのか？　そもそも2000万円の根拠とは？

➡P207

投資信託の保有率は8.8%

投資信託で老後資金はつくれるのか？　確定拠出年金をうまく活用したい。

➡P173、P221

＊日本証券業協会「平成30年度 証券投資に関する全国調査（個人調査）」

株の保有率は12.2%

株で老後資金はつくれるのか？　利益が出ている投資家が少ないから、保有率も低い。

➡P167

＊日本証券業協会「平成30年度 証券投資に関する全国調査（個人調査）」

夫婦1年目に知って

仮想世帯年収

ざっくり **800万円**

共働き世帯で、世帯年収800万円から税金＋社会保険料が引かれると、手取りはざっくり**640万円**。毎月の世帯収入**40万円**となり、賞与は**160万円**（夫婦夏冬合計）。毎月40万円でどうやりくりしていくのか、必読です！

こんな夫婦像です。

世帯収入が800万円より多い夫婦もいれば、少ない夫婦もいると思いますが、あくまでも目安。ボーナスがない世帯でも安心して読める設計になっています。

初婚平均年齢

女性	男性
29.4才	**31.1才**

＊厚生労働省「平成30年（2018）人口動態統計月報年計（確定数）の概況」

平成30年の婚姻件数は**58万6481組**。減少傾向にあるが、年間50万組以上の夫婦が誕生している。平均初婚年齢は、夫婦ともに平成26年から同年齢でほぼ変わらない。

離婚は3組に1組

ちなみに、離婚件数は20万8333組。じつに婚姻件数の3組に1組が離婚している。こうならないために、お金の絆をしっかりしましょう。

➡P4、P25

平均給与

女性	男性
326万円	**470万円**
（25～29才）	（30～34才）

＊国税庁「民間給与実態統計調査（平成30年）」

平均初婚年齢に近い層の平均給与。男性は60歳未満まで年齢に応じて平均給与が上がるが、女性は年齢に応じてあまり変わらず、ほぼ横ばい。

夫婦1年目のお金の疑問

お金の自由がなくなっていく!?

今まで自由だった

お金と時間と異性との付き合いが……

特に「お金」は困る!!

お財布別々は不幸の始まり?

お財布一緒は幸せの始まり?

➡答えは 第1章 夫婦のお金編へ

夫婦1年目の住まいの疑問

買ってお得?
借りてお気楽?

借金してまで
家を買ったほうがいいのか?
ライフスタイルの変化に合わせて
賃貸のままがいいのか?
夫婦1年目ならどっちが正解?

➡答えは 第2章 家族の住まい編へ

夫婦1年目の資産の疑問

お金は貯めるもの？増やすもの？

お金をいくら貯めればいいのか？
投資はしたほうがいいのか？
副業をするべきだろうか？
これからの生活、不安だらけ。
安全に資産を増やす方法はないの？

➡答えは 第3章 貯金・投資編へ

夫婦1年目の**老後**の疑問

老後への備え方を教えて！

いずれおとずれる「老後」。
老後の生活にとってお金は命綱。
年金がもらえるのか心配だし……。
何かあったときのための保険も大事。
いったいいくら準備しておけばいいの？

➡答えは 第4章 老後の備え編へ

ガーン
時間
お金
異性との付き合い

第2章 家族の住まい編

第3章 貯金・投資編

生活しながら
2000万円も
貯金
できないよ～
ステキな未来

第4章 老後の備え編

＊本書は2020年2月時点で著者が知りうる情報を基に作成しております。投資に関しては自己責任においてなさってください。本書および本書に登場する情報元を利用してのいかなる損害等について、著者、出版社、製作協力者は一切の責任を負いません。また投資や取引に関する質問や相談は、取引先の金融機関や当該の企業等へ問い合わせてください。

図版アイコン ● Kurdanfell / n_eri / lana rinck / Shutterstock

第1章

夫婦のお金編

幸せになりたくて人は結婚しますが、結婚すると今まで自由だったことが不自由になります。「異性との付き合い」「時間」「お金」がその代表例です。「異性との付き合い」と「時間」は仕方ないとして、「お金」が不自由になるのは困ります。

学校でも家庭でも、お金のことは教えてもらえません。「結婚生活の始め方」と「円満な夫婦関係の育て方」も教えてもらえません。

たとえば、給与明細は相手に見せるべきなのか。どうすればお金は貯まるのか。どうすれば家計が楽になるのか。財布は夫婦別々に分けたほうがよいのか。

あなたはこれらを誰かから教わりましたか。おそらく友達や先輩をまねしたり、雑誌の記事を参考にしたり、何となくその場しのぎで対応しているのではないでしょうか。

でも、それだけでは、あなたが抱えている問題は何も解決しません。そこで第1章では手始めに、そんな素朴な疑問から解決していきましょう。

また、第1章のまとめに、「理想の家計1か月シミュレーション」があるので、あなたの家計をチェックしてみてください。

夫婦1年目のギモン

いくら稼いでいるのか、給与明細を見せ合うべきか？

いくらもらっているのか、教える必要はない
ちゃんと全部見せてほしい！

アドバイス

給与明細を見せて収入を「見える化」しよう

「結婚とは何か?」と問われたら、何と答えますか。
私はためらわずに、こう答えます。

「愛し合う二人がお金の次元でも強い絆を結ぶこと」

恋人は心と体で絆を結びますが、夫婦にはお金の絆が加わります。恋人は心と体の2本の絆しかありませんが、夫婦は心と体とお金の3本の絆でガッチリつながっているのです。
つまり、**恋人と夫婦との決定的な違いは「お金」**です。
だからどんなに愛し合っていても、お金のギャップを埋められない恋人同士は永遠に結ばれない。めでたく夫婦になったとしても、お金を上手にコントロールしないと結婚生活はうまくいきません。夫婦げんかや離婚の原因も、元をたどればほとんどがお金絡みです。**夫婦生活はお金の相性で決まる**のです。

ところで家庭もビジネスも、成功の鍵を握るのが「見える化」です。「見える化」とは、見えにくい部分を可視化すること。「見える化」で成功した企業の代表例はトヨタ自動車ですが、企業という組織が健全かつ効率的に成長するためには、「見える化」が不可欠です。

この理屈は、最小単位の組織「家庭」でも同じで、「見える化」がうまくいっている家庭ほど円満で幸せです。特にお金の流れは目に見えにくいので、専業主婦（夫）なら働いている人の収入を、共働きならお互いの収入を「見える化」することが、家庭円満の第一歩になります。

もちろん、「給与明細を相手に見せるなんてイヤだ！」という人もいるでしょう。特に日本人には人前で懐事情をオープンにする習慣がないので、給与明細を見せることは人前でズボンを脱ぐのと同じくらい抵抗感があるかもしれません。

でも結婚して夫婦となった以上は、心と体のズボンと一緒にお金にはかせたズボンも潔く脱いでください。お金に目隠しをして見えなくする（ズボンをはかせる）と、「何か隠しているのかな?」と、余計な心配を与えかねません。奥さまが言うように、給与明細を見せ合うほうがよいのです。

私が銀行員だった頃、給与明細を見せずに生活費だけを奥さまに渡している人が大勢いました。残ったお金は好きに使えますが、使途不明金は大概にしてよからぬことに使われます。そんなお金の隠し事は信頼関係を徐々にむしばんでいく。夫婦円満のためにも、包み隠さずオープンにしたほうが幸せになれるのです。

たとえばSさん夫妻は一目ぼれで恋に落ち、Sさんのアパートでの同居生活からスタートしたので、Sさんには通帳や給与明細を隠す暇がありませんでした。「しくじった！」と最初は後悔したのですが、それが、Sさんに幸いしたのです。

お互いの資産も収入も最初からオープンでしたから、二人には疑心暗鬼に陥る余地がありません。１００歳まで長生きしても大丈夫なくらいお金も貯まり、数十年たった今でも新婚夫婦のように仲良く暮らしています。

このように、**幸せな夫婦生活の鍵を握るのが「お金の見える化」**です。収入全体を「見える化」するだけで、家計の収支がプラスとなりお金を簡単に増やせるし、幸せな人生を設計できるようになるのです。

そんな背景から家庭裁判所の実務上も、結婚後に作られた財産は夫婦が協力して作ったものだから夫婦の共有財産だ、という考え方で運営されています（夫婦財産制）。

ただし、夫婦財産制を盾に、相手のお金のズボンを無理やり脱がせてはいけません。ズボンは脱がせるものではなく、自ら進んで脱ぐものです。

だからまずは、自分のお金にはかせたズボンから脱ぎましょう。人としての価値は収入だけでは測れないので、恥ずかしくなんてありません。おこづかいの使い道にはズボンをはかせて見えなくすればよいので、窮屈に感じることもありません。むしろ逆に、収入が夫婦合わせて2倍になれば、二人で一緒に上手に使えるので、ひと粒で2度おいしくなるのです。本書ではそんなおいしい秘訣を紹介していきます。

夫婦にとって大事な「3本の絆」

恋人関係〜2本の絆でよかった

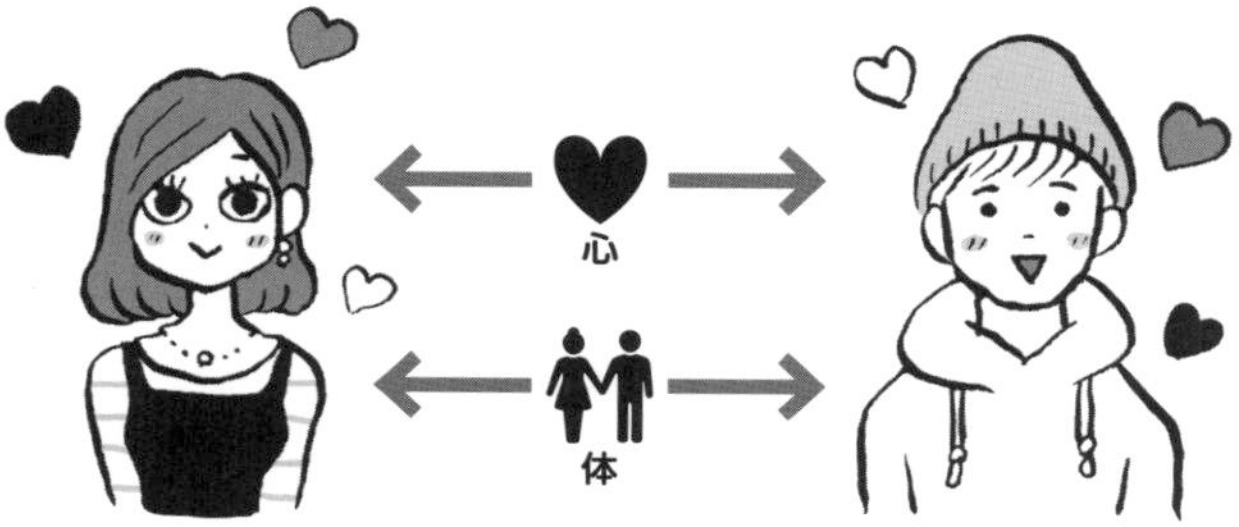

夫婦関係〜3本目の絆が追加!

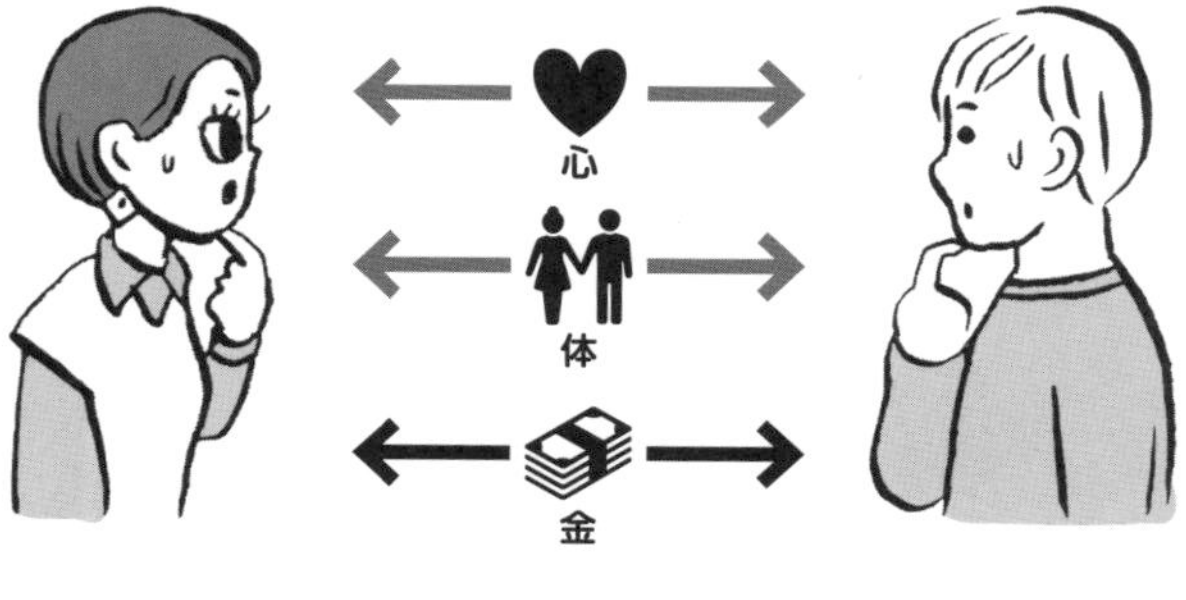

幸せな夫婦生活の鍵を握るのが「お金の見える化」である

夫婦1年目のギモン

結婚前からある「資産」と「借金」、伝えるべきでしょうか？

もともと自分のお金なので
共有しないし公開もしない。
もちろん管理も別々
公開したほうが安心。
共有したほうが
二人一緒に幸せになれる

アドバイス

「資産」は共有しないが「情報」はざっくり共有する

結婚前からの資産は共有ではなく、原則としてそれぞれの所有です。これと同じように、結婚前に背負った借金は、背負ったほうの借金のままです。したがって、資産だろうと借金だろうと、ご主人が言うように結婚により共有されることはありません。

では、共有されないのなら、相手に話す必要もないのでしょうか？

奥さまが言うように知っていたほうが確かに安心です。結論からいえば、結婚前からある資産や借金については、貯金２００万円・借金１００万円・投資用不動産１部屋のように、種類や金額などが**「ざっくり見える化」できるレベルの情報を共有するのが正解**です。

特に、借金は結婚後の家計にマイナスの影響を与える可能性があります。結婚後の収入は家族の生活を維持するためのものですので、それを横流しして結婚前の借金返済に充てることは、ルール違反です。したがって借金は原則として、結婚前に清算することが最低限のマナーであると心得ましょう。もちろん結婚前に清算する場合には、あえて借金の存在を伝える必要はありません。

どうしても**清算できない場合には、結婚前に正直に伝えるのがマナー**です。清算できないと、おこづかいや副業収入など、自分の自由になるお金から返済するしかなくなります。小さな借金なら大丈夫ですが、金額が大きくなると、家計から返済せざるを得なくなり、夫婦関係がギクシャクしかねません。

この点、住宅ローンや自動車ローンなど、結婚後も家族のために役立つローンの場合には、少し事情が違ってきます。

住宅ローンの返済がある場合には、家賃の支払いが不要になります。この場合にはあらかじめ相手に話をして、家計から返済を続けましょう。

次に資産は借金と違って、相手に大きな迷惑をかけることはありません。したがって、あえてズボンを脱ぐ必要はない、という考え方もあります。

しかし私は、脱がないまでも、資産の種類や大きさを「ざっくり見える化」できるレベルで伝えることをおすすめします。

たとえば、「親の家を相続していて、今は賃貸に出している」「老後のために3年前から証券会社で毎月1万円積み立てている」「僕のネット証券の口座番号と暗証番号は、万が一のためにこの封印した封筒に入れておく」といったイメージです。

なぜ情報共有するかというと、人生では何が起こるかわからないからです。

何かが起きた場合、お互いの資産状況を知らないと大変なことになります。だから、管理は別で構わないのですが、「ざっくり見える化」しておきましょう。

まとめると、**結婚前の資産と借金は、結婚しても共有はされません。**「財産を乗っ取られるのでは？」という心配をする方もいますが、それは相続発生後であって、生きている間に奪われることはないのです。テレビドラマやワイドショーでは奪われるところだけが強調されますが、現実の生活では心配いりません。

このように、結婚前の資産や借金はあくまでも個人に帰属するので、それぞれが責任をもって管理し、どのような資産や借金があるか、ざっくり情報を共有しておきましょう。

結婚前の「資産」と「借金」、どうする？

借金

結婚前に清算が最低限のマナー。
清算できないとき、
結婚前に正直に伝える

住宅ローン ←役立つ借金→ 自動車ローン

その他借金

資産

何が起こるかわからないので、
ざっくり伝えておく

現金　投資信託　株　相続した家

知っておきたいポイント

結婚前の資産と借金は、結婚しても共有はされない。相続発生までは関係ないので安心を

**結婚前の資産や借金はあくまでも個人に帰属。
ざっくりと情報を共有しておきましょう**

夫婦1年目のギモン

財布を一緒にするべきか？別にするべきか？

常に一緒に行動するわけではないから別々
おこづかい以外は一緒にして当然！

アドバイス

財布（家計）は原則として一緒。ただし、丸裸にはしない

恋人と夫婦との決定的な違いは「お金」の絆でしたね。恋人同士は心と体の絆は強いものの、お金の絆があまりありません。ところが結婚して夫婦になると、一緒に生きていくために生活費のシェアが始まるので、一気にお金の絆が強くなります。

結婚してお金でつながった夫婦でも、日々の生活費をどう扱うかによって、２つのタイプに分かれます。１つ目は、夫婦の財布を１つにする「ポケット１つ型」。２つ目は、同居の延長線上で、夫の財布と妻の財布に分けたまま、生活費を分担して支払う「ポケット２つ型」です。

新婚当初は「ポケット２つ型」です。独身時代には、自分名義の口座に給料が振り込ま

れ、家賃や公共料金などの支払いの大半は自分名義の口座から引き落とされていく。そんな状態で結婚するので、ポケット（財布）と出口（支払い）は2つに分かれたままです。

ところが結婚すると、お金の流れが大きく変わり、共働きであれば、それぞれの口座に給料が振り込まれるので、入口（収入）は変わらず2つです。

一方で、家賃や公共料金の支払いは一本化され、携帯電話の家族割を使うと通信費も一本化されます。つまり、入口（収入）とポケット（財布）が2つなのに、出口（支払い）だけが1つになってしまうのです。

ほとんどの夫婦はここで悩みます。

「家賃はどっちの口座から引き落とそうか？」
「水道光熱費や通信費はどっちの口座から引き落とそうか？」
「食費はどっちの財布から支払おうか？」
「上手にバランスをとらないとおこづかいがなくなるよね……」

器用な夫婦は乗り切りますが、バランスが崩れると夫婦げんかの原因になりかねません。

じつはこの**やっかいな問題に対する最もシンプルな解決方法が、夫婦の財布を1つにまとめる「ポケット1つ型」**です。

夫婦共働きであれば、入口は2つですが、1つにまとめてしまえば、どっちのポケットから支払うか悩まなくていいからです。

ですから、入口がどうであれ、**ポケットと出口は1つにまとめましょう。**

家計のポケットを1つにする以上、生活口座も一本化します。生活口座とは、生活費など日常的に使うお金をプールするために使う銀行口座です。クレジットカードの引き落としや公共料金や家賃（住宅ローン）の支払いは、すべてここから引き落とします。夫婦どちらかの給料振込口座を生活口座扱いにすれば十分。その口座に収入と支出を可能な範囲で集約し、ガラス張りに近い状態にしておきましょう。

ところで、ポケットが1つになった瞬間に、新たな問題が生まれます。

「不自由なのはイヤ」「不公平はイヤ」「安心がほしい」という3つの悩みです。

●不自由問題：夫婦共有にしてガラス張りにすると、友達との付き合いや大好きな趣味・嗜好品《しこう》に使うお金が自由にならなくなります。どんなに仲のいい夫婦であっても、自分一人の時間を楽しめないのは窮屈このうえない。

●不公平問題：私のほうが高収入なのに、夫婦で共有するなんて不公平では？　という悩み。夫婦間の収入格差が大きい場合に、収入が多いほうに生まれる心の葛藤です。

●不安問題：ずっと夫婦仲がよければいいのですが、夫婦仲が悪くなって別居したり最悪離婚したりするときのことを考えると、自分の自由になる資産がないのは不安に感じます。日本でも3組に1組は離婚するので、決してひとごとではありません。

ポケット1つのほうが家計をやりくりしやすいと気付いていても、なかなか踏み切れないのは、この3つの悩みをクリアにすることができないからです。でもご安心ください。ポケットは1つでも、本章で紹介していく内容で、すべての問題が解決されます。

夫婦の財布を1つにする「ポケット1つ型」

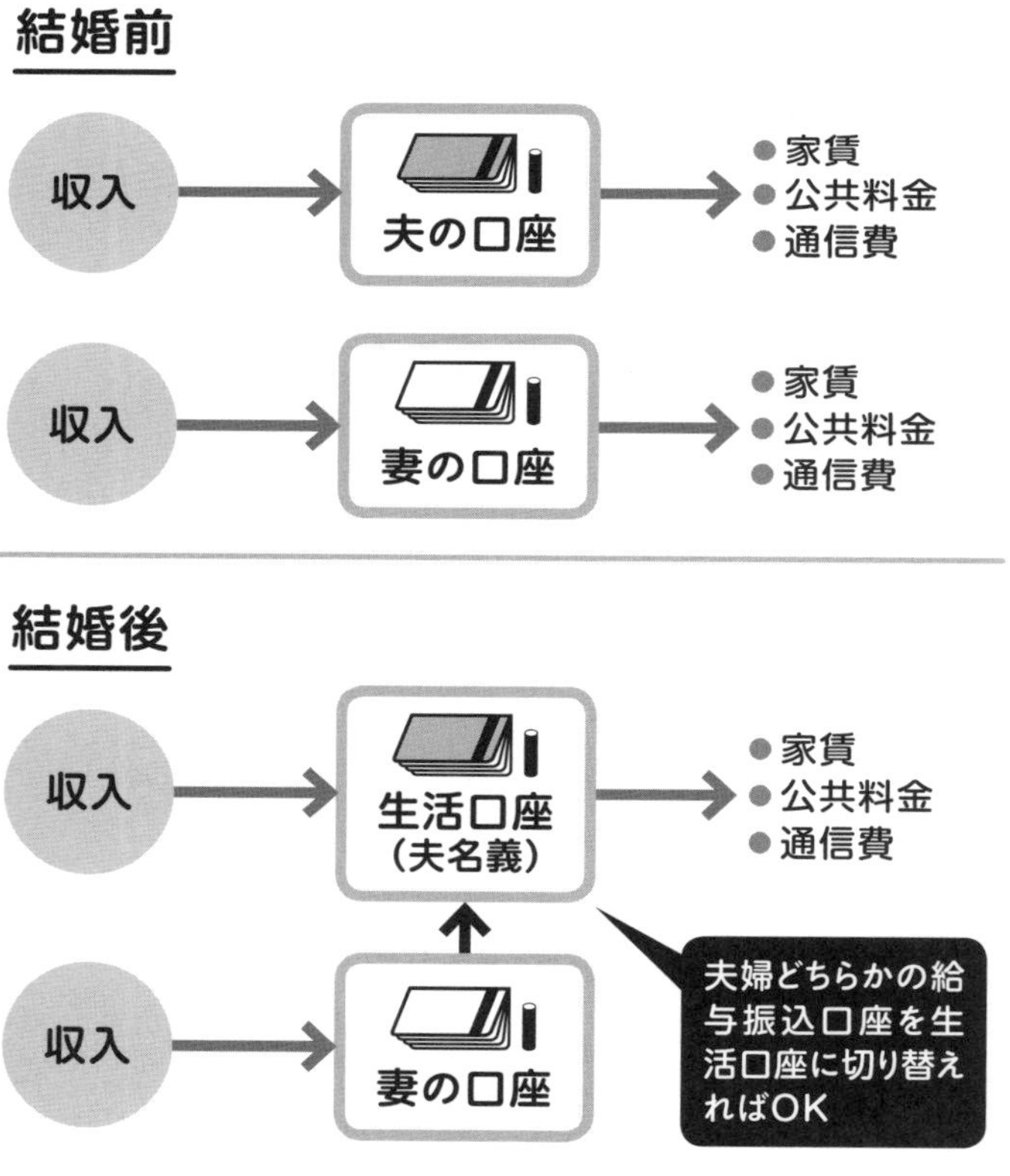
結婚前
収入
夫の口座
●家賃
●公共料金
●通信費
収入
妻の口座
●家賃
●公共料金
●通信費
結婚後
収入
生活口座
（夫名義）
●家賃
●公共料金
●通信費
収入
妻の口座
夫婦どちらかの給与振込口座を生活口座に切り替えればOK

収入と支出を可能な範囲で集約して、ガラス張りに近い状態にしておきましょう

夫婦1年目のギモン

夫と妻、どっちが財布を握るといい?

数字に強い僕が財布を握るべきだよ
節約上手な私にまかせてほしい

アドバイス

お金の流れさえ見えれば、あえて握らなくても大丈夫

数字に強いほうが財布を握るという考え方にも、節約上手なほうが握るという考え方にも、どちらにも一理あります。

一般的には、通帳とキャッシュカードを管理して買物を担当する妻が財布を握ることが多いようです。ところが、私が銀行員だった頃の同僚は、夫が財布を握るのが一般的でした。職場にＡＴＭがある関係で夫が通帳とキャッシュカードを管理していたからです。

そんな背景から、新婚当時のわが家でも財布をどっちが握るかの覇権をめぐってつばぜり合いがあったのですが、わが家の場合は貯金残高が多かった妻が圧勝しました。

財布を握ると自分に有利にお金を扱える「利権」が手に入ります。国の場合に財務省の発言権が一番強いのと同じです。だからポケット１つの場合の主導権争いは熾烈《しれつ》を極める。

それがイヤでポケットを2つにしている家庭も多いのではないでしょうか。

そこで私が一押しするのが**「家族会議」に財布を握らせて、ざっくり「見える化」する**方法です。家族会議とは、夫婦や家族によるざっくりとした話し合いの場です。次項で詳しくお話ししますが、家計のルールや大きな支出については家族会議でざっくりと決めていきます。

国会で決まった法律には財務省も総理大臣も逆らえませんが、家計も理屈は同じです。「家族会議」に財布を握らせて、「家族会議」で決めたことには夫も妻も逆らえないルールにする。自分たちで決めたルールに従うだけなので、納得感があります。

家族会議といっても、大げさに考えることはなく、雑談レベルの会話で十分です。風呂上がりに、ビールか炭酸水を飲みながら、「見える化」した家計を一緒に眺め、「今回は生活費が少なかったね。1万円も少なく済んだから、来月は、おいしいものでも食べに行こうか」と話せばいいのです。

そのうえで、ざっくり「見える化」すると、自分だけ有利になるようにごまかすことができなくなります。

わが家でも、「あれ？　このホテルの食事代って何なの？　私は一緒に行っていないけど誰と行ったの？」というような直球が妻から毎月飛んできます。

もちろん、後ろめたいことには使っていないので、正々堂々と説明しますが、「見える化」している以上やましいことなんてできるわけがありません。

「見える化」すると、夫婦のどちらから見ても、客観的な家計の状況がひと目でわかるようにもなります。状況さえわかれば、「わが家の家計がどうすればよくなるか？」に対する答えはおのずと見えてくるものです。次項では家計のルールについて紹介しましょう。

夫婦1年目のギモン

ムダづかいしないために、家計のやりくりを決めたほうがいい？

必要になったら、その都度決めればいい
最初が肝心なので、決めようよ

アドバイス

ゆるゆるに、大ざっぱに、納得できることだけをルール化

あなたは夫婦げんかをしたことはありますか。また、そのときのけんかの原因は何でしたか。

これまでの人生をまったく違う環境で育ってきた二人なので、生活リズムも習慣も、価値観も違います。お金には、習慣や価値観が反映されるので、お金の使い方も違ってきます。1人暮らしのときと比べても、両親のもとでの生活と比べても、結婚生活での出費は勝手が違うのです。ですから簡単でもいいのでルールを決めないと、ささいなことでけんかに発展しかねません。

それ以前にお金が足りなくなったり、貯まらなくなったりします。

一方で細かなルールを決めても守れません。突発的なことや予想外のこともあるので、がんじがらめにしても意味がありません。

そこで、月に1度家族会議を開いて、できるだけシンプルに簡単なルールだけを決めてはいかがでしょうか。ざっくり作ってみて無理があると気付いたときに、変えていけば大丈夫です。

家族会議で家計のルールを決めると、夫婦のどちらかが一方的に財布を握って上下関係が生まれることを、ある程度防いでくれます。しかし、だからといってルールを細かくしたり、厳しくしてはいけません。ルールや目標が模範的すぎて計画倒れに終わるからです。

そこで**家計のルールは、二人にとって無理なく守れるレベルにしましょう。**たとえば次のようなルールはいかがでしょうか。このレベルなら肩肘張らなくても守れそうですよね？

〈家計のルールの例〉

- 支出をざっくり確認するために、月に1度家族会議を開く
- 家族会議は、スイーツを食べながら、あるいは軽く一杯飲みながら開く
- お金については、「ありがとう!」「楽しい!」といったポジティブな言葉を使う
- おこづかいの使い道については、お互いに一切詮索せず、干渉もしない
- 家計費から3万円以上の支出があるときには、あらかじめ相談して合意を得る

家計のルールは、家族会議のたびに新しく継ぎ足したり、いらなくなったら削ったりしてください。足したり消したりするうちにわからなくなるので、紙に書いて壁や冷蔵庫に貼っておいてはいかがでしょうか。

その際、自分や家族の夢、目標貯蓄額なども一緒に書いておくと、張り合いが生まれて、決めたルールを守りやすくなります。私の公式ホームページの読者専用プレゼントページで、家計ルールを書き込めるテンプレートがあるので、巻末著者プロフィールからチェックしてみてください。

夫婦1年目のギモン

それでも、お金を貯めるために、家計簿をつけるべきか？

帳尻さえ合えば、つけなくてもお金は貯まるよ
簡単でもつけたほうがお金は貯まるよ

アドバイス

ざっくり「見える化」できれば、家計簿をつけなくてもいい

家計簿をつけても、ほとんどの人は三日坊主で終わります。私なんて1日ともたない「丸坊主」でした。続かないのは自分の意思が弱いからだと自虐的になってしまいますが、それなら最初からつけないほうがずっとマシです。

ところでなぜ家計簿をつけたほうがいいといわれるのか、その理由をご存じでしょうか。結婚記念日にあそこのレストランで食事をしたよね！　あのときの食事代はこんなに高かったんだ！　ということを思い出すため……、ではありません。

家計簿をつける目的は1つだけ。目に見えないお金の流れを「見える化」するためです。「見える化」すると、お金の出入りがわかるので、**給料日前にお金が足りない！　と慌て**

なくて済むし、家計の支出の傾向が分かってムダづかいを予防できるようになり、**結果的にお金が貯まる**ようになります。

だったら家計簿をつける価値は確かにある！　って、私も思います。

でも、理屈はわかっても、行動はできない。他にやることが山ほどあるので、大切だとわかっていても続けられないのです。

簡単に続けられる方法はないものか。お金の出入りを「見える化」する方法は大きく分けて2つあります。「使う前のお金を見える化する方法」と「使った金額を見える化する方法」です。

(1) 使う前のお金を見える化する方法

使う前のお金を「見える化」する代表例が「袋分け家計術」です。1か月間で使える金額をあらかじめ決めておきます。使い道ごとにお金を封筒やパスポートケース、クリアファイルなどに入れて、お金の減り具合を確認しながら毎月の家計をやりくりします。

お金の減り具合がすぐわかるので、現金派のご家庭にはおすすめです。

(2) 使った金額を見える化する方法

1つ目は、使った金額だけを見える化する「レシート貼るだけ家計簿*3」です。専用のノートには目盛りがついていて、レシート上の金額と目盛りの金額を合わせて貼り付けます。たとえば1万円のレシートは、5000円のレシートの2倍の長さの目盛りを使うので、貼るだけで視覚的に支出額を把握できるのです。現金派でもキャッシュレス派でも、レシートさえあればつけられるので、「見える化」という意味ではオールマイティです。

2つ目は「家計簿アプリ」です。これは、毎回手作業でパソコンやスマホに入力する必要はありません。クレジットカードや電子マネーの番号などを最初に登録するだけで、アプリがデータを自動的に読み込んでくれるものもあるので手間暇はかかりません。ほったらかしでも家計簿ができあがるので、お金の出入りが自動的に「見える化」されます。キャッシュレス派の家庭にはおすすめです。

このように、「袋分け家計術」や「レシート貼るだけ家計簿」を使えば、奥さまが言うようにざっくり「見える化」できます。

また、「家計簿アプリ」を使えば、ご主人が言うように家計簿をつけなくても自動的に家計簿が出来上がります。

こうしてざっくり「見える化」するとお金の出入りがわかるので、給料日前にお金が足りない！　と慌てなくて済むし、家計の支出の傾向がわかってムダづかいをしにくくなる。結果的にお金が貯まるようになるのです。

「レシート貼るだけ家計簿」と「袋分け家計術」

袋分け家計術

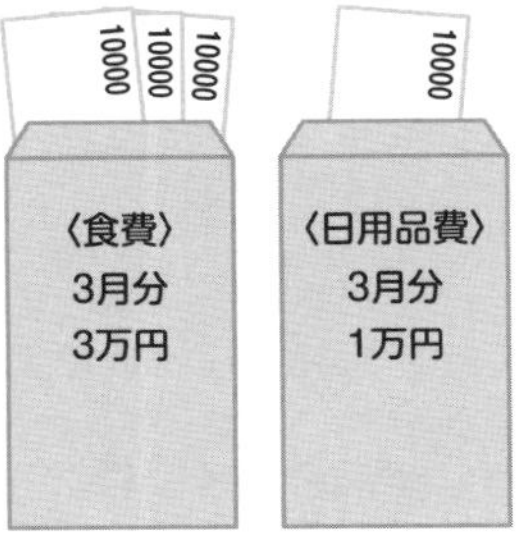

1. クリアファイルや封筒などの袋を用意して、費目と予算額を記入
2. 予算金額ちょうどの現金をその中に入れる
3. 買い物のときに使う予定の費目の袋を持参して、現金を支払う
4. 袋の中の残金を確認しながら、支出をコントロール

レシート貼るだけ家計簿

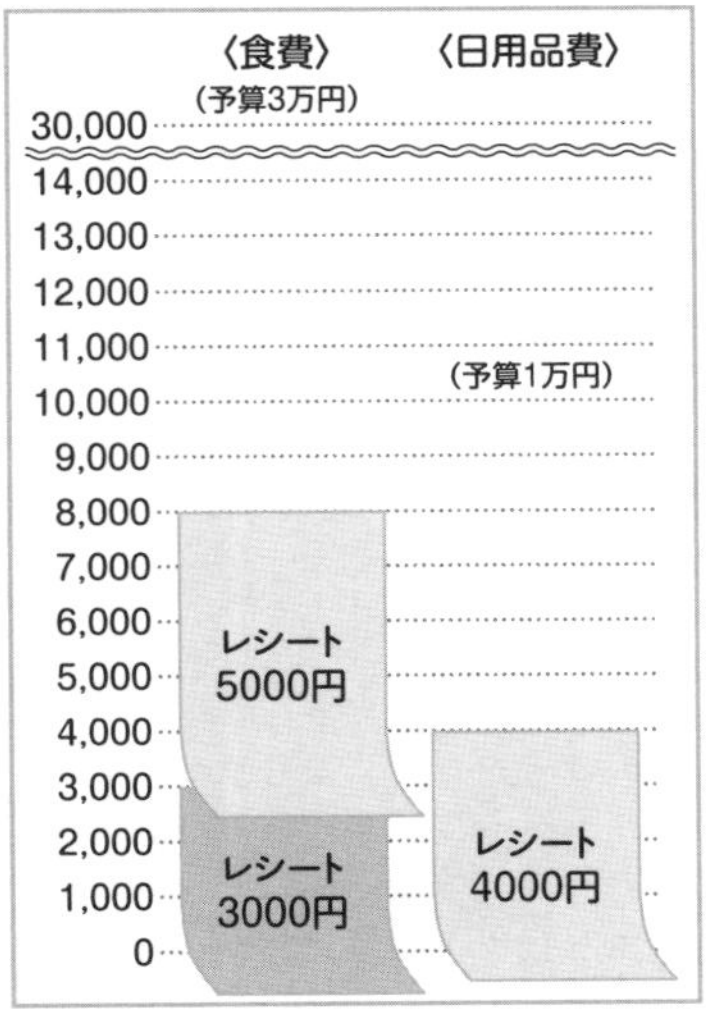

1. ノートに金額の目盛りをつけるか、専用ノートを用意する
2. 3000円のレシートなら、3000円の目盛りのところに貼る
3. 同様に金額と目盛りを合わせレシートを下から貼っていく
4. 予算の目盛りより上に行かないように支出をコントロール

夫婦1年目のギモン

今まで自由に使っていた「おこづかい」をどう決める？

これまで通り自由に使いたい！
毎月定額のおこづかい制にして！

アドバイス

世帯収入の2割をおこづかいとして、お互いに干渉しない

毎月の家計を安定させるには、奥さまの言うように定額のおこづかい制が理想的です。しかし、それでは、なんだか窮屈です。できることなら、ご主人が言うように、これまで通り自由に使いたい！　って思いますよね。

ちなみに、おこづかいの使い道は何ですか？

世間一般の感覚では、同僚や友達とのお茶代や飲み代といった個人的な交際費、コーヒー・タバコなどの嗜好品、その他趣味に関する出費はおこづかいから捻出していると思います。化粧品や美容代、アクセサリーや洋服などのファッション関連、おしゃれに関するものもおこづかいです。その他、読書・セミナーなどの自己啓発や、フィットネス通いなども含まれます。

どれもこれも大切なので、おこづかいを削ることはしたくありません。一方で、こうした支出は比較的安定しているので、極端に大きくぶれることはありません。そうであれば、**おこづかいについては定額制にする方法がシンプル**です。

その場合の金額は、**世帯収入の2割が目安**です。仮に世帯収入が手取りベースで40万円ある場合には、夫婦それぞれが4万円のおこづかいを受け取る計算になります。

ちなみに、家計をポケット1つにする際に発生する「不自由問題・不公平問題・不安問題」を解決する要《かなめ》がおこづかいです（第1章「財布を一緒にするべきか？　別にするべきか？」ご参照）。おこづかいには例外的にズボンをはかせて「見える化しない」ことがポイントです。

まずは不自由問題ですが、おこづかいが世帯収入の2割であれば、夫婦で1割ずつなので、自由度が高くなります。おこづかいの使い道については、お互いに一切干渉せず、詮索もしません。家計簿や家計簿アプリからも除外して、使途不明金扱いにしてしまえば気持ちのうえでも楽になります。

不公平問題については、収入が多いほうのおこづかいを増やせば解決します。しかし、収入が少ないほうは、家事や育児の負担を引き受けているケースが多く、極端に傾斜しすぎるとギクシャクするのでほどほどにしましょう。ただし、専業主婦（夫）の場合は、夫婦で相談のうえ、それなりに傾斜配分してもよいでしょう。

不安問題については、おこづかいは使途不明金扱いなので、おこづかい口座をそのままへそくり口座として貯め続けることもできます。

いずれにしても、おこづかいは自分が幸せを感じる出費なので、おこづかいに差がつくと夫婦の幸福度にも差がつきます。せっかく結婚して夫婦になったのですから、相手にも同じくらい幸せを感じてほしいですよね！

人は、自分一人だけ楽しむよりも、大切な人にも一緒に楽しんでもらったほうが、幸せな気分になります。ですからぜひ、夫婦同じくらいに幸せを感じられるように、絶妙なおこづかいバランスを見つけてください。

夫婦1年目のギモン

ぜいたくな出費でトラブル!?
「外食費」はどこから支払うもの?

食べるものだから「生活費」から支払うのが当然だよ
ぜいたくな出費なので「おこづかい」から出してほしい

アドバイス

家族が楽しむ出費なら生活費、おこづかいから出さない

奥さまが言うように外食はぜいたくな出費です。使い道はご主人が言うように食べ物ですが、「楽しむ目的」で外食するので、生活費にはなりません。

そもそも、家計にはどんな費目があるのでしょうか。

費目は"What"、「つまり何に使うのか?」という「使い道別」で分けると20個以上になります。家計簿をつけるときに一番悩むのは、「この出費は何費になるのだろう?」という仕訳作業。いくつかの費目にまたがる場合は特にやっかいです。

そこでおすすめしたいのは"Why"で分ける方法です。「なぜ使うのか?」という「目的

家計の費目はこんなにある

固定費

住宅費	家賃・住宅ローン返済、管理費、修繕積立金
水道光熱費	水道代・電気代・ガス代など
保険代	医療保険・生命保険など
通信費	携帯代・インターネット代など
新聞図書費	定期購読している新聞・雑誌
教育費	小学校～大学までの学費など
おこづかい	夫と妻のおこづかい、子供のおこづかいなど
税金	所得税・住民税など
社会保険料	公的年金掛金・健康保険掛金など

変動費

食費	食料品の購入費
外食費	レストランなど、家の外での食事代
日用品費	洗剤・トイレットペーパーなど生活雑貨
交際費	同僚や友人との付き合いの飲食費用など
交通費	公共交通機関やタクシーなどの利用料
車両費	ガソリン代、高速料金、洗車代など
美容費	ヘアカット代など
ペット費	ペット飼育にかかる費用
衣服費	衣料品購入費やクリーニング代
医療費	通院・入院・薬などにかかる費用
趣味費	趣味関連の出費
教養娯楽費	レジャーや習い事、書籍代など
冠婚葬祭費	結婚式・葬儀などに伴う出費
特別費	家電購入・引っ越し・車検など不定期な出費

家計には、毎月支出が一定の「固定費」と支出が上下する「変動費」がある

別」でざっくり分けるなら、出費は**「生活費」「あそ費《び》」「おこづかい」「特別費」**の４つしかありません（税金等を除く）。これに**「貯蓄」**が加わります。

それぞれの目的は、以下の通りです。

- **生活費**――健康的に生きる
- **あそ費《び》**――家族みんなが楽しんだり成長したりして、みんなが幸せを感じる
- **おこづかい**――自分一人が楽しんだり成長したりして、自分自身が幸せを感じる
- **特別費**――たまに発生する出費に備える
- **貯蓄**――将来の三大出費（老後資金・教育費・住宅費）に備える

たとえば食料品や家賃の支払いは、それがないと生きていけないので「生活費」です。これに対して外食や嗜好品などは、そうではありません。このように、生きていくために必須ではない出費は「あそ費《び》」か「おこづかい」になります。

これら月単位の出費とは別に、冠婚葬祭や新入学、車検や自動車税、家電の買い換え、

旅行代や引っ越し、季節の衣類など、たまにしか発生しないイベントに対応する出費があります。これらを「特別費」と呼びます。

毎月発生する「生活費」「あそ費《び》」「おこづかい」とイベントごとに発生する「特別費」の4つに、将来に備えるための「貯蓄」を加えた5項目を「ざっくり見える化」できれば、ムダづかいが減ってお金が貯まり始めるのです。

このように、「なぜ使うのか?」という目的別に「ざっくり見える化」した家計術のことを**「ざっくり見える家計術」**と呼びます。

お金が足りなくなったり、思うように貯まらなかったりする最大の原因は、何にいくら使い、いくら残っているかが目に見えないからです。

家計を「見える化」する目的は、家計を細かく分析するためではありません。ある程度は見えないと困りますが、むしろ細部は見えなくていいのです。

ですから、ざっくり見える家計術の支出項目は大ざっぱ。何に使うのかという「使い道（What）」はどうでもいい。それよりも、**なぜ使うのかという「目的（Why）」を重視**しましょう。

ぜいたくな外食費はそれがなくても生きていけるので「生活費」ではありません。楽しむためなので、「おこづかい」か「あそ費《び》」のいずれかになります。

どちらになるかの判断基準も極めてシンプルです。

"For me"、つまり夫婦の片方しか「ありがたい！」「楽しい！」と感じないものは、すべて「おこづかい」。"For us"、つまり夫婦や家族が「ありがたい！」「楽しい！」と感じることであれば、「あそ費《び》」になります。

そして、この「あそ費《び》」には、もう一つ重要な役割があります。それは、万が一のバッファーとしての役割。車のハンドルの「あそび」と同じように、「あそ費《び》」が、ゆとりある生活を実現します。

人生何が起こるかわからないので、ある日突然、想定外の出費が発生するものです。そんなときの保険が「あそ費《び》」です。生きていくために必要不可欠な「生活費」を削るわけにはいきませんが、「あそ費《び》」なら、いざというときに削っても大きな支障はありません。

「外食費」から費目の分類についてお話ししましたが、**理想的な割合は、生活費4割・あそ費《び》2割（特別費含む）・おこづかい2割・貯蓄2割**です。とはいえ、世帯収入の多寡や生活スタイルによって違ってきます。

そこで、世帯収入とにらめっこしながら、何にいくらかかるのかをざっくりと家族会議で話し合ってください。生活費4：あそ費《び》2：おこづかい2：貯蓄2をベースにして、家族会議で「わが家は生活費5：あそ費《び》2：おこづかい1：貯蓄2だね！」と心地いい割合を見つけるとお金のトラブルも少なくなります。

また、ボーナスについても、どのように活用するのがベストか、理想の使い方を話し合っておきましょう。私の一押しは、ボーナスから天引きされる「税金＋社会保険料」と同じ額を将来のために貯蓄して、残額を特別費のためにプールする方法です。

目的別の出費の分類

生活費	健康的に生きるために必要不可欠な費用 例 ● 住宅費、食費、日用品費、水道光熱費、通信費、保険代、医療費など
あそ費《び》	家族みんなが楽しんだり成長したりして、みんなが幸せを感じることに使う費用 例 ● 家族での外食・行楽などの教養娯楽費や教育費など
特別費	たまに発生する出費 例 ● 冠婚葬祭、車検、引っ越し、家電の買い換え、旅行、季節の衣類、新入学など
おこづかい	自分一人が楽しんだり成長したりして、自分自身が幸せを感じることに使う費用 例 ● 個人的な趣味、個人的な嗜好品など
貯蓄	三大出費（老後資金・教育費・住宅費）のような将来の出費に備える

（※所得税・住民税・社会保険料などは除く）

生活費4割・あそ費《び》2割・おこづかい2割・貯蓄2割のように、わが家にあったバランスをざっくり決めるとモメない！

夫婦1年目のギモン

ひと月にかける食費は、いくらが適正ですか?

アドバイス

まずは夫婦2人で4万円から。食費から家計のバランスを知ろう

外食費つながりで、毎月の食費を見てみましょう。

外食が多い家庭では、ご主人が言うように独身時の食費が参考になるようにも思えます。とはいえ、結婚すると独身時に比べて外食や飲み会が減るし、食習慣も変化する。しかも外食は食費に入れないので残念ながら参考になりません。

一方で奥さまが言うように食費は15％に抑えるのが家計の健康によいといわれます。

これとは別に、人事院が公表した「費目別、世帯人員別標準生計費」（平成30年人事院勧告）が参考になります。

これによると、食糧費は１人世帯２万５４９０円、２人世帯４万７７７０円、３人世帯５万６４０円、４人世帯６万５１０円、５人世帯７万３８０円とのこと。

ざっくりまとめると、夫婦の4万円＋1万円×子供などの同居人数となります。収入が多い世帯では高級食材を使ったり品質をあげたりできますが、数量については多く買っても食べきれません。逆に世帯収入が少ないからといって食費を削りすぎると体を壊します。

結論として、**食費については、収入の何％という割合で決めるより、夫婦の場合は4万円、3人の場合は5万円というように、家族の人数にあわせて考えたほうがいい**でしょう。

そこでまずは、夫婦で4万円と仮定して食材を購入してみてください。もし、毎週2回の買い出しで1回あたり5000円、1週間で1万円の食材を購入したのに、食材が足りなかったとしたら、4万円では足りないということです。

逆に余ってしまった場合は4万円は多すぎることになります。この辺りについては、近所のスーパーの値段次第ですし、小食か大食かによっても違ってきます。いずれにしてもまずは、1か月のデータを基に自分たちに適した食費を決めてみましょう。

余談ですが、洗剤・トイレットペーパーなどの日用品費も、食費と同じように生活費になります。日用品については近所のドラッグストアのポイント10倍デーの○曜日に隔週で買うと決めて、1回あたりに使う上限額をたとえば5000円と決めてみましょう。食費の場合と同じように実践してみて、居心地のいい金額を見つけます。そうすると日用品費についても実質的に固定化されて予測しやすくなります。

たとえば、世帯の手取り月収が40万円のご家庭の場合、最適な食費が4万円で日用品費が1万円とわかれば、住宅費8万円、貯蓄8万円、水道光熱費・通信費と保険料で3万円、おこづかい8万円、合計32万円といったカタチで、毎月の支出が固まります。残った金額8万円が「あそ費」となります。

こうして支出が固まると出費の予想がしやすくなります。出費の予想がしやすくなるとムダづかいが減って、お金が貯まりやすくなるのです。

夫婦１年目のギモン

家計では何費を減らすのがよいのか？

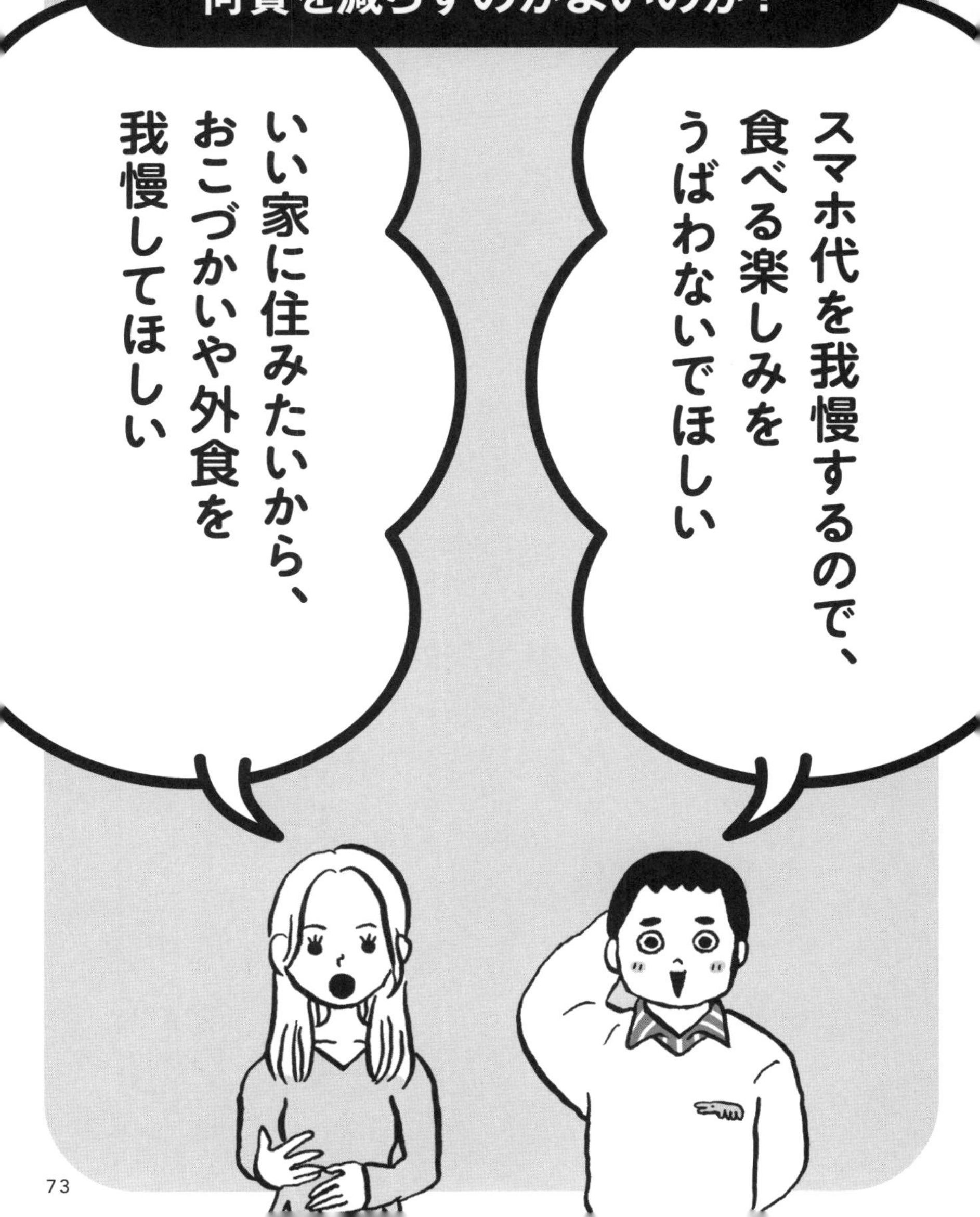
スマホ代を我慢するので、食べる楽しみをうばわないでほしい
いい家に住みたいから、おこづかいや外食を我慢してほしい

アドバイス

保険代や通信費、住宅費などの固定費を減らそう

食事は健康に直結するので、ご主人が言うように削りすぎはよくありません。また、奥さまが言うようにマイホームは生活のベースになる場所なので、遊びよりも大切です。とはいえ、メリハリをつけないとお金は貯まりません。

結論からお話しすると、ゆとりある生活を送れるかどうかは、**「保険代」**と**「家まわりの出費」**（住宅費、水道光熱費、通信費など）次第です。

保険代、通信費など毎月自動引き落としされる出費や、家賃や住宅ローンなどの住宅費は、ほぼ一定額です。保険代で1万5000円、住宅費8万円というように、ほぼ固定化しています（固定費）。

そのため、保険代や住宅費が高い家庭では、食べ物の質を落としたり、遊びを我慢しない限り、お金を貯められません。食べ物の質を落とすと健康が犠牲になるし、遊びを我慢するとストレスがたまる。ゆとりある生活は、保険代と住宅費を減らせるかどうかにかかっています。

そのうえで次に、水道光熱費や通信費を減らす工夫をしましょう。たとえば、照明をすべてLEDに切り替えて、格安スマホにして家族割にすれば自動的に減らせます。また、シャワーヘッドを節水型に替えると、流すお湯の量が半分に減るので、ガス代が激減します。水道代の節約効果よりもガス代の節約効果のほうが大きいです。わが家も実践していて、水道光熱費と通信費は、すべて合わせても1万6000円前後におさまっています。

ここまで、家計の節約についてお話ししてきましたが、「住宅・貯蓄・保険」は関心の高い分野です。「住宅」は第2章、「貯蓄」は第3章、「保険」は第4章でそれぞれ、詳しく説明しますが、イメージをつかむためにもここで少し触れましょう。

奥さまが言うように、誰もが「いい家」に住みたいと思います。ただ、家賃や住宅ローンは金額が大きいので、これが3割を超えるとお金を貯めることが難しくなる。家賃や住宅ローンはざっくり2割以下に抑えるのが理想的です。

また、貯蓄は、毎月一定額が自動的に貯められる仕組みにしましょう。天引きされる税額＋社会保険料と同額、または収入の2割を目標とします。

さらに、保険ですが、夫婦二人で1万2000円（最大でも1万5000円）あれば必要十分なレベルの保険に入ることができます。

まとめると、**保険代と住宅費を、支障のない範囲で削ります。**そのうえで**水道光熱費と通信費の無駄を削る。**このようにして、保険代や家まわりの出費におこづかいを含めた**固定費全体をざっくり5割以下に抑えられれば、お金の貯まる家計に生まれ変わる**のです。

夫婦1年目のギモン

キャッシュレスが得をする?
それとも現金払いが節約になる?

キャッシュレスのほうがスマートだし、財布もスッキリ
1枚だけカードを作って、普段は現金で支払う

アドバイス

現金はお守り代わりに。決済はキャッシュレスがお得

現金払いにするのがいいのか、それとも、キャッシュレス決済にするのがいいのか、一概にわかりませんよね。

現金派の方は、次のような理由で現金払いにしているようです。この中であなたに当てはまるものはいくつありますか。チェックしながら数えてみてください。

- □キャッシュレスだと、つい使いすぎてしまう
- □今までずっと現金払いだったので、なんとなく現金が安心
- □小さなお店では、キャッシュレス決済ができないことが多い
- □災害時にはキャッシュレスは使えない

□支払金額が少ないので、現金で支払わないと申し訳ない
□キャッシュレスだと不正利用されそうで怖い

次に、キャッシュレス派の方は、次のような理由が多いようですが、この中であなたに当てはまるものはいくつありますか。

□支払いが簡単なので、会計がスムーズ
□小銭が発生しないので、財布がスッキリする
□不正利用されても、クレジットカードに保険が付いているので実害はない
□むしろ現金のほうが紛失・盗難時に戻ってこない
□ポイントやマイレージが貯まるのが魅力的
□スーパーや百貨店などでは割引を受けられる

このように、どちらにも長所と短所があるので、白黒つけることはできません。だから、腹をくってどっちかに決めるしかない。判断ではなく決断するしかないので、最後はあなたの価値観次第です。

こうした事情も踏まえたうえで、私の場合はキャッシュレスをメインの決済手段と決めました。なぜなら、好むと好まざるとにかかわらず、今後はキャッシュレス化がもっと進んでいくからです。

お金の歴史は古く、有史以前の物々交換から始まって石や貝殻が通貨となり、やがて紀元前3000年頃のメソポタミアでシェケルという銀の通貨が生まれ、以来数千年間は金や銀などの金属が通貨として流通してきました。

その後19世紀に、イギリスのイングランド銀行が発行した約束手形が正式に銀行券となりましたが、「紙のお金」の歴史は意外と浅いのです。そのお金が、いよいよ「紙」というカタチを卒業して、本格的に電子化され始めているだけですから、別に不思議なことではありません。お金はこのように、人類の進歩に合わせて変化し、これからも変化し続けます。

カード会社ジェーシービーの調査[*4]によると、**キャッシュレス派男性の平均貯蓄増加額は**

現金派の2・2倍、キャッシュレス派女性では現金派の2・6倍だったそうです。キャッシュレスという時代の変化に柔軟に対応してきた人ほど、マネーリテラシーを高めることができたのです。

特に、キャッシュレスを通じて、家計簿アプリを使うようになると、お金の使い方の傾向やクセがわかるようになり、どこにムダづかいがあるのかを冷静に見極めることができます。いやが応でもマネーリテラシーが磨かれて、家計のムダがなくなっていきます。

ちなみにキャッシュレスには、「ポイントプログラム」「電子マネー」「クレジットカード」の3種類があります。

「ポイントプログラム」は、ショップごとの小型タイプから全国の小売店共通の大規模タイプ、航空会社のマイレージプログラムなど多種多様です。電子化されているのはポイントやマイレージであってお金ではない点が電子マネーと違うところです。

ポイントプログラムに入ると、買物金額の数%がポイント還元されたり、無料でポイントをもらえたりするので意外とお得です。一方で、財布がかさばるのがポイントカードの難点なので、スマホのポイントプログラムアプリで使うことをおすすめします。

「電子マネー」は「電子化されたお金」で、現金を持たずに買物ができます。ＩＣカードやスマホなどに事前にお金を入れる（チャージ）プリペイド式と、事前チャージがいらないポストペイ（後払い）式があります。

プリペイド式では、一定残高以下になると自動的にクレジットカードからお金が入るオートチャージ機能が標準です。ポストペイ式は使った金額だけチャージされるのでムダがありません。いずれもかざすだけで支払えるので、決済がスマートです。

この他にＱＲコード型のプリペイド式もあります。キャッシュバックなど魅力的なキャンペーンが多いのですが、「かざすだけ」に比べると少し手間がかかる点が玉に瑕《きず》です。

いずれの電子マネーも家計簿アプリで支出を管理できますが、電子ウォレットの数を増やすと電子マネーの在庫が増えすぎてムダが生じますので、数種類程度に抑えましょう。「クレジットカード」については次の項でお話しします。

夫婦1年目のギモン

キャッシュレス決済の筆頭格「クレジットカード」を使うならどれ？

マイルが貯まるエアライン系カード
割引率が高い近所のスーパーのカード

アドバイス

ライフスタイルに合った選択を。メイン1枚とサブ2枚以内で

キャッシュレスの筆頭格はクレジットカードです。クレジットは英語のcreditで「信用」という意味。クレジットカードを持っている人には「信用力」があるとみなされて、すべてのクレジットカード加盟店でツケ払いができるという仕組みです。日本でも江戸時代から「ツケ払い」が広く普及していましたが、それを効率的にシステム化してツケ払いネットワークを世界的レベルで構築したにすぎません。

そんなクレジットカードですが、一括での支払いは無利息でお金を借りられるのと同じです。また、高額な現金を持ち歩く必要もありません。特に海外旅行の際には、現金よりもカードのほうが安全ですし、信頼されます。

しかも使えば使うほど信用力が積み上がって、利用可能限度額が大きくなります。

そして、クレジットカードの最大の魅力は、カードについてくるもろもろのサービスです。なかでもすごいのはカード付帯の保険で、海外旅行中にけがや病気で現地の病院で治療を受けた際に、治療費を全額カバーしてもらえる点です。

以前、ハワイに向かう機内で、離陸直後に顔面半分がまひして、下痢と嘔吐《おうと》を繰り返したことがありました。意識がもうろうとする中で死を覚悟して、機内Wi－Fi経由で妻のために必死で資産を整理したほどでした。

たまたま同乗されていた女医の西川史子《にしかわあやこ》先生のおかげで大事に至らず、ワイキキの病院で救急処置を受けられたのですが、このときの治療費は驚くほど高く、でもすべて、カードの保険で賄《まかな》うことができたのです。

私がメインに使っている**エアライン系カード**では買物200円につき1マイルもらえるのですが、年会費3300円のショッピングマイル・プレミアムに加入すると100円で1マイルをもらえます。仮に、このカードで毎年100万円前後使うとすると、1万マイル貯まる計算です。航空券に換算して1マイルは2～3円なので2～3万円もらえるのと一緒です。もし、ショッピングマイル・プレミアムに加入していなかったら5000マイルしか貯まりません。

2番目に愛用しているのは、**鉄道会社のカード**です。公共交通機関を使う人にとっては、交通系ICカードは必須です。私はクレジットカードが一体になった交通系ICカードを愛用していて、ICカード内の電子マネーの残高が1000円を切ると3000円がオートチャージされる設定にしています。電車に乗るときは急いでいるときが多いのですが、おかげで改札で足止めされるストレスがなくなりました。このカードはポイント還元率も高く、スマホやスマートウオッチに入れて使えるので重宝しています。

もし車をメインの移動手段にしている場合には、よく使う**ガソリンスタンド系のカード**が重宝するでしょう。

ところで、私の妻は週に2回、近所のスーパーで食材を購入しますが、このときだけは**流通系のクレジットカード**を使っています。なぜなら、このスーパーのグループ会社のカードで買物をすると必ず3%引きになるからです。しかも、月に2回5%引きになる日も設定されています。

この他、海外旅行の際には、海外の街中にある会員専用ラウンジを使えて、トロリーバスが無料になるカードや、トランクケースの配送料が500円になる年会費無料のゴールドカードがあります。

このように、どこで使うかによってベストのカードが異なってきますが、使う場面に応じて最適なカードをすべて取りそろえると、マイレージやポイントが分散し、財布も膨れ上がってしまいます。

また、クレジットカードは個人の信用枠を食いつぶすので、住宅ローンを組むときに借入限度額が減少する可能性があります。

したがって**普段使いのカードについては、メインカード1つ、サブカード2つ以内に絞る**ことをおすすめします。

これとは別に各自のおこづかい用のカードも1つ作って管理すれば、家計とおこづかいがごちゃ混ぜになりません。おこづかいカードは年会費無料のカードがいいでしょう。

もちろん、家計簿アプリで支出を区別して管理できる場合や、おこづかいの使い道を隠さなくてもいい場合は、メインカードを使ってポイントやマイレージを貯めてください。

ちなみに、クレジットカードを申し込む場合には、普通に申し込んではいけません。必ず新規入会キャンペーンや、友人からの紹介キャンペーンを活用しましょう。また、ポイントサイトを活用すると、さらに追加でポイントを貯められます。

なお、あなた自身に信用力がなければカードは作れません。過去に延滞履歴があったり、大きな借金をかかえていたり、保証人になっていたりすると、作れない場合があります。

その他、定職についているか、住所を転々としていないか、サラ金からの借金がないか、リボ払いが大きくないか、クレジットカードのキャッシング枠が大きくないかなどが、カード作成時に審査されます。

もし、カード審査に通らない場合には、これらのチェックポイントにひっかかっていますので、CICという信用情報機関から自分自身の信用情報をダウンロードして確認してください（1回1000円〔消費税込み〕）。[*5]

夫婦1年目のギモン

もしも子供が生まれたときの収入減が不安だ

当然、
これからも共働きだよね
育児期間中は
専業主婦でも仕方ないよ

アドバイス

共働きは当然。子供の幼少期は妻社長メソッドを使おう

この40年間で専業主婦世帯は半分に減り、共働き世帯は2倍に増えました。[*6] 海外では仕事がなくて仕方なく専業主婦になっても、自ら進んで専業主婦になる人は少ないそうです。日本でも、江戸時代までは妻も普通に働いていました。専業主婦とは、戦後の日本で多く見られるようになった特殊な現象なのかもしれません。

そもそも、社会に貢献した結果として収入が得られるので、生きていくために働くことは当然です。人間だけでなく、すべての生き物は働かないと生きていけません。ですから、ご主人が言うように、共働きは当然です。

とはいえ、奥さまが言うように、出産後は子育てに専念せざるを得ないのが実情です。

そこで**「妻社長メソッド」**を紹介します。妻や夫の趣味や特技を生かして、身内を社長に据えて副業したり起業したりするメソッドです。家族で協力しながら取り組む事業なので、「家業」です。家族経営の商店や農業と似ていますが、会社にするのです。

会社にするといっても、プライベートカンパニーなので恐れるに足りません。従業員も雇わないし、オフィスもいらない。子供が生まれたときに出生届を出すように、設立届を出しますが、３時間と７万円あれば完了します。

そもそもなぜ法人化するのかというと、**社会保険料や税金が優遇される**からです。法人は病気にならないし、加齢で働けなくなることもないので、生身の人間と違って健康保険や年金保険に加入する必要がありません。毎年７万円程度の法人住民税が発生しますが、法人は経費として認められる範囲が広く、しかも個人より税率が低いので、収入が増えるほどお得になる。だからお金がはやく貯まります。

このように資産が加速度的に増える点が妻社長メソッドの特徴なので、早い人は数年で本業の収入を上回ります。そうなれば、会社を辞めて、副業や家業を本業にできます。

私自身も妻の副業が軌道に乗ったのを見極めて銀行を辞めました。私が主宰するお金のソムリエ倶楽部の会員さんにも、セミリタイアする人が続出しています。

こうして奥さまが「社長」になって、家にいて子育てしながら、好きなことを仕事にして稼ぐわけです。ブログやインスタグラムで情報発信してアフィリエイトで稼ぐ。趣味を活かして生徒さんに教えて稼ぐ。不動産投資をして大家業で稼ぐ。海外から面白い品物や安価な商品を輸入して稼ぐなどなど、やり方は無限大。

そして、ご主人が奥さまの事業や副業をサポートする。会社や役所で副業が禁止されていても、家業を手伝うだけなので副業にはなりません。

もちろん最初のうちは収入が少ないので、個人事業方式で始めても構いません。とはいえ、収入が増えてくると税金や社会保険の問題が出てきて煩《わずら》わしいので、軌道に乗ったら法人化を検討してください。ただし大家業については個人事業ではなく最初から法人としてスタートしてください。後から法人を作って不動産を譲渡しようと思っても、税金と手間暇がかかりすぎて、にっちもさっちもいかないので気をつけましょう。

お金が増える妻社長メソッド

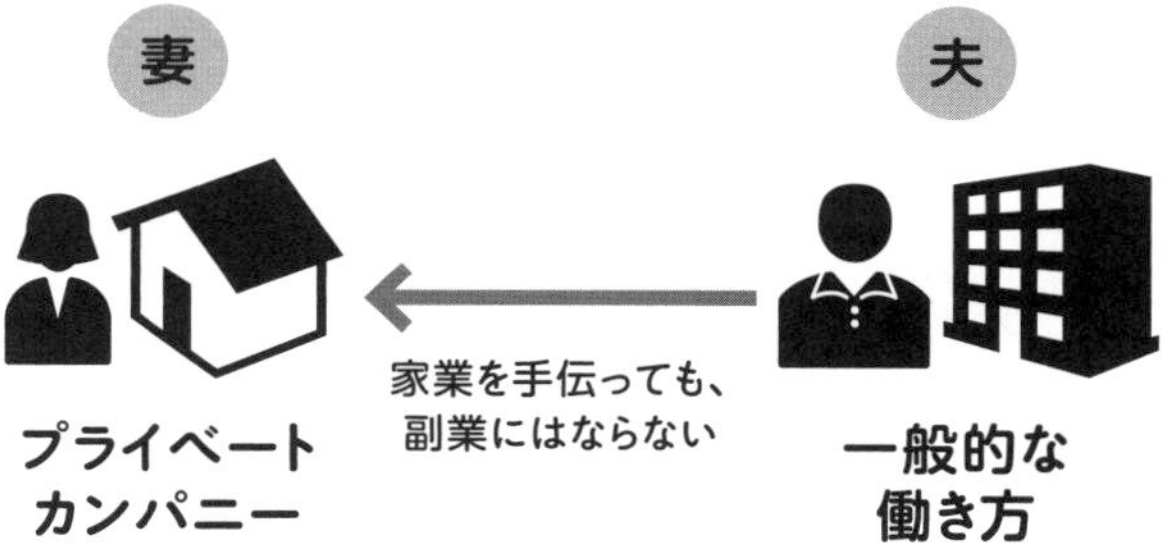
妻
夫
家業を手伝っても、
副業にはならない
プライベート
カンパニー
一般的な
働き方

社長として「副業・起業」	勤務形態	サラリーマンとして「勤務」
法人	種類	個人
税金が安い	税金	税金が高い
社会保険料の負担ゼロ	社会保険	社会保険料の負担が大きい

法人は個人より節税しやすく、収入が増えるほどお得。だから、お金が貯まりやすい

第1章まとめ　ざっくり見える家計術の黄金比率

理想の家計1か月シミュレーション（手取り40万円の場合）

目的別出費	割合	固定費／変動費	使途別費目	理想の金額	あなたの家計は？
生活費	4割	固定費	住宅費	8万円	万円
			水道光熱費	3万円	万円
			通信費		万円
			保険代		万円
		変動費	食費	4万円	万円
			日用品費	1万円	万円
			費		万円
			費		万円
おこづかい	2割	固定費		8万円（夫4万円＋妻4万円）	万円
					（夫）　万円
					（妻）　万円
あそ費	2割	変動費	費	8万円	万円
			費		万円
			費		万円
			費		万円
貯蓄	2割	三大出費	老後資金	8万円	万円
			教育費		万円
			住宅資金		万円
			合計	40万円	万円

- 全体の5割以下に抑えたい（生活費の固定費とおこづかいの固定費）
- おこづかい：夫婦で納得のいく割合で決める
- あそ費：外食のほか、急な出費を補填する「特別費」を含む
- 貯蓄：三大出費（教育費・住宅費・老後資金）に充てる

第2章

家族の住まい編

あなたは今、借家住まいですか。それとも持ち家ですか。「賃貸派vs持ち家派」論争は続いていますが、夫婦1年目にとってベストな選択が確かにあります。

人生で最大の買物がマイホームです。健康的に生きるために家は不可欠ですが、それだけに悩ましい。買ったほうがいいのか、賃貸で十分なのか。家賃はいくらが適切なのか。どんな間取りがいいのか。買うとしたらいくらが適正なのか。住宅ローンをどうするのか。老後の住まいはどうするのか――悩みの種は尽きません。

そこで第2章では、おうちまわりの素朴な疑問について、こんがらがった糸をほぐしながら、一つ一つ解決していきましょう。

夫婦1年目のギモン

ずばり持ち家がいいのか？
はたまた賃貸がいいのか？

しばらくは賃貸で十分
マイホームがないと不安なので買ったほうがいい

アドバイス

購入は後回し。まずは賃貸にしましょう

住宅費は人生の三大出費の一つで、生涯支出の中で税金・社会保険料に次ぐ2番目に大きな出費です。ですから、これを上手にコントロールできるか否かで、あなたの人生が決まります。

それくらい大切なことなので、「購入と賃貸ではどっちが得か？」という論争がこれまで延々と繰り広げられてきました。

購入派の最大のよりどころは、**「賃貸では永遠に自分のモノにはならないが、購入であれば自分のモノになる」**です。確かに、奥さまが言うようにマイホームがあると安心です。

賃貸派の主張は、**「家は持つためのモノではなく利用するもの。ライフスタイルに合わ**

せて住み替えたほうが効率的に利用できる」です。ご主人の言うことにも一理あります。

所有することに価値を感じる人は購入派になるし、利用に価値を感じる人は賃貸派になる。価値観が違うので、どちらかが正しくて、どちらかが間違えている、ということではありません。

「どっちが経済的に合理的か？」という切り口に絞ると、どうでしょうか。

購入したマンションや一戸建てを賃貸に出す際の推定家賃収入を決めます。それが住宅ローンの毎月の返済額に維持費を足した住宅費を超えるなら、買ったほうが得です。その場合の物件価格は「適正価格」といえます。この場合の住宅費とは全額借入で買った場合の「住宅ローン元利返済額＋維持費」です。マンションの場合、管理費はいずれ2倍になり、修繕積立金はいずれ5倍になる可能性があるので、維持費は多めに見積もってください。そして、家賃は下がることはあっても上がるケースはごく稀です。

買ったほうがモノが残るのだから、「物件価格分だけ得をするのでは？」という考え方もありますが、残念ながら思ったほど残りません。

老朽化したマンションは建て替えができず、買い手がつかない状態で税金と管理費が垂れ流しになる可能性があります。老朽化した一戸建ては土地代から建物取り壊し代を差し引いた額しか残りません。その額は購入時に約1割かかる諸経費分とチャラになる程度だと思っていたほうが安全です。もちろん立地にもよりますが……。

要するに、買いたい物件が見つかったときに、適正価格より安く買えるのであれば買ったほうがお得、そうでなければ買わないほうが無難です。購入候補物件の中から適正価格以下で買える物件を見つければいいだけなので、とても簡単です。

ここで問題です。マイホームとは、適正価格よりも安い物件が見つかり次第買うべきものでしょうか。それとも、買う必要性が出てきた場合に買うものでしょうか。

高度成長期のように不動産価格が上がり続けた時代であれば、早く買ったほうがお得でした。ところが今はそうではなく、早く買うと高値で買うことになるかもしれません。

イメージしやすいように、具体的に数字で見てみましょう。住宅金融支援機構によると、2018年度のフラット35利用件数は7万7680件。そこで、そのデータを基に独自に住宅取得価格の平均値を計算してみたら、1件あたり約3575万円になりました。都心部ではさらに高くなり、地方ではさらに低くなりますが、本書では便宜上、住宅取得価格をざっくり3600万円と仮定して考えます。

マイホームを買う場合には、多くの人は住宅ローンを借りて買います。仮に諸費用をすべて自己資金でまかなって、物件価格相当の3600万円を固定金利2%で35年間借りたとします。すると、1409万円の利息を支払わなければならず、支払い総額は5009万円になります。利息として出ていく1409万円があれば、老後に不足するといわれる2000万円の7割をまかなえる計算になるので、意外と大きいですよね。

裏を返すと、もしコツコツと3600万円貯めてから自己資金で買うとしたら、140

0万円のムダがなくなります。しかも、その頃には3600万円の物件の値段は2000万円に下がっているかもしれません。だから、買い急ぐ必要はありません。

ところで、「ざっくり見える家計術」の考え方を突きつめると、不動産に詳しくない人の場合にはなおさらのこと、**購入よりも賃貸のほうが安全**です。なぜなら、この世で一番価格が不透明な買物は、生命保険と宝飾品と不動産だからです。素人にはなかなか価値がわかりづらく、値段があってないようなものの場合が多い。

特に不動産は、数千万円もする超高価な買い物ですから、素人が手を出すのは危険です。本当は3000万円の価値しかない不動産が3600万円で売られているということは日常茶飯事なので、しっかりと勉強しなければ適正価格で買えません。

そこで、真剣にマイホームを検討している方には、不動産投資のノウハウを学んでいただき、その仕組みを理解してから買うことをおすすめします。なぜなら、**マイホームとは、他人に貸す代わりに、自分に貸す方式の不動産投資**だからです。

このように思考回路を変えると、不動産価格が適正かどうかが瞬時にわかります。そうなれば、悪徳不動産業者にだまされるリスクもなくなります。

そのためにも、まずは新婚夫婦仲よく賃貸に住んでみてください。住みながら、もし買うとしたら、いくらが適正なのかをシミュレーションする。この訓練を何度も繰り返すだけで、マイホームの価値を見抜けるようになります。

ちなみに、私の銀行員時代の同僚の多くは購入派でした。会社員、特に銀行員は安定を好む傾向にあるので、なんとなく合点がいきます。

銀行をセミリタイアして独立した後は、交友範囲が起業家に広がったのですが、彼らの主流は賃貸派です。自宅に束縛されることを好まないし、必要になったら会社に社宅として持たせれば十分だからです。

じつは私もずっと借家住まいですが、そのおかげで何度も助かりました。引っ越した後に、交通量が多くてうるさくて寝られない家だと気づいたり、ベランダの向かいの家の住人と目があって気まずい思いをしてしまったりと、いろいろなことがあったのですが、引っ越すだけで解決しました。

賃貸なら、住み替えるだけで不都合な環境から逃れることができます。周囲の環境も変化するし、自分たちのライフスタイルもどんどん変化します。特に、夫婦1年目のライフスタイルは、子供が独立するまでめまぐるしく変化します。だからしばらくは、ご主人が言うように借家住まいから始めましょう。

一方で、奥様が言うように、マイホームがないまま老後生活に突入するのは確かに不安です。

そこで、子育てが終わって子供が独立し、夫婦二人のライフスタイルが定着してから、散歩や旅行を兼ねて終《つい》の棲家《すみか》を探してみてはいかがでしょうか。じっくり探して、自分たちにあった街を見つけてから、その街でマイホームを探して現金で購入する。そのほうが二人にふさわしい家が見つかり、出費も抑えられます。人生は長いので、買い急ぐ必要はありません。そのときまでじっくり、家を見る目を養っていきましょう。

夫婦1年目のギモン

築何年までの家に住むのがいいのか?

アドバイス

1984年以降のマンションか、2002年以降の一戸建て

誰だって中古よりも新築のマイホームに憧れます。でも、ほとんどの新築は、住んだ途端に実勢価格が1割下がり、モノによっては2～3割下がります。したがって、経済合理性を重視すれば、中古のほうがコストパフォーマンスに優れます。マイホームは人生最大の買物なので、1割抑えられるだけでも御の字です。

中古で購入する目安の一つに耐用年数という考え方がありますが、あまり意味がありません。なぜなら、耐用年数とは納税額を計算するための指標だからです。

それよりも大切なことは、住み続けられるかどうか。実際の建物の寿命は、木造一戸建てもマンションも約60年といわれています。[*7] したがって、「60年－築年数」が家の余命に

なります。

もしその家の余命が、あなたが住む年数よりも長ければ大丈夫です。短くても、買い替えれば問題ありません。

ただし、日本の住宅は、欧米の住宅と違って古いほど価値が下がります。売却する際には、一戸建ては取り壊し費用がかかって土地代以下となり、老朽化したマンションは建て替え問題が発生するので買い手がつかないかもしれない。こうした出口の戦略もしっかりと考えておきましょう。

そして何よりも大切なのは安全性です。世界で一番地震の被害が大きい日本では、最低限の耐震基準を満たしている家を選びましょう。命に関わることなので、どんなに安くても、安全性が不十分な家を買ってはいけないし、住んでもいけません。

そのため、新耐震基準か旧耐震基準のどちらかで判断します。**マンションは、1981年6月の新耐震を満たした建物であること。**建築確認申請後、完成までにタイムラグがあるので、**1984年以降に完成したマンションを選べば安心**です。

木造一戸建ては、2000年6月1日以降に建築確認申請が行われた建物であること。タイムラグを考慮して、**2002年以降に完成した建物であればおおむね安心**できます。

こうした耐震基準は、購入する場合だけでなく、借りる場合も同じです。旧耐震の家では、所有でも賃貸でも家族の命を守れないリスクがあるので、きちんとチェックしましょう。

夫婦1年目のギモン

広さ・間取りを考えて、予算をどうするべきか？

家族が増えたら引っ越せばいいので、安く抑えたい
最初から広いところに住みたい

アドバイス

最初は安く、後から広く

安さと広さ、どっちを重視するかは個人の価値観次第ですが、**「最初は安く、後から広く」**が賢明です。なぜなら、本章の「ひと月の住宅費、どれくらいまでに抑えるといいか？」でお伝えするように、**裕福になる秘策は住宅費にある**からです。また、安くてコンパクトな家であればモノも増えないので、余計なムダづかいも減る。ムダづかいが減れば、部屋にゆとりがなくても、お財布と生活にゆとりが生まれます。

その後家族が増えたり、仕事の内容が変化したりすれば、ライフスタイルも変化します。
そして、ライフスタイルの影響を一番大きく受けるのが、「住む場所」と「間取り」です。

住む場所と間取りを決めるポイントが３つあります。

- 仕事や生活、教育などをトータルで考えて、どの場所が最適か？
- 今後も住宅費が安定的に支払える価格帯か？
- 購入したほうがいいか、それとも賃貸で十分か？

この3つが固まると、現実的に住める家の種類や広さ、間取りの限界がわかってきます。そのうえで、夫の希望と最低限の要望、妻の希望と最低限の要望を箇条書きにして、共有します。そして、これを基に家族会議で優先順位を相談し、予算の範囲で実現できるところまで固めていきます。

こうして一戸建てかマンションか、所有か賃貸かが決まり、住む街も決まって、間取りや部屋の広さが決まります。

そんな中でも1つだけ、すべての家庭に共通する原理原則があります。それは**マイホームもざっくり「見える化」が大切**だということ。

ざっくり見える大切さは、家計術だけでなくマイホームにも当てはまります。バス・トイレは隠しますが、それ以外をざっくり「見える化」する。人のぬくもりや気配を感じられるようにすることは大切です。何となく家族の存在を感じられて、窮屈にならない程度にざっくり見える間取りが理想です。

たとえば、リビングからすべての部屋の気配がわかる。仕事や勉強をする際に、お互いに邪魔をすることなくリビングで没頭できる。収納も、中に何があるのかが何となくわかるようにすることが、実用的でありながらスマートです。

私は、「家族の団らんの場 兼 勉強部屋 兼 書斎 兼 家事室」になる広いリビングがある家が理想的だと思っています。あとは寝室だけあれば、それで十分です。それ以外の部屋があっても、物が増えて埋もれてしまうだけです。高い家賃や土地建物を物を置くために使うなんてもったいないのです。

夫婦1年目のギモン

ひと月の住宅費、どれくらいまでに抑えるといいか？

収入の3分の1という話を聞くよね？
夫の収入の2割で返済できる金額ね

アドバイス

夫婦合計収入の2割を目安にしよう

住宅費についてはよく、収入の２割とか３割という数字を耳にします。また、住宅ローンを借りる際に年収に占める返済額の割合（返済比率）が35％以下であれば、融資基準の一つはクリアできます。マイホームを買う場合、誰だって環境と利便性に優れた広めの家に住みたいので、目いっぱい借りたいものです。

高度成長期のように給料が右肩上がりで、不動産価格も右肩上がりの時代であれば、特に問題はありませんでした。

しかし、１９９０年代からは、あらゆるトレンドが大きく変わりました。給料が右肩上がりの時代であれば、借りた時点での返済比率が35％でも10年後には25％くらいまで下がったかもしれません。しかし、今の時代は必ずしも昇給するとは限らず、年収の35％を住宅ローンの返済に充てるのはとても危険です。

そもそも銀行が、返済比率35％を超える融資をしない裏には理由があります。それは過去のビッグデータから、返済比率35％を超える家計では、いずれローンの返済が滞ることがわかっているからです。毎月の収入から返済できない場合、通常は預貯金を取り崩して返済に充てるのですが、年収の35％をローン返済に充てている家計では、そもそも預貯金を積み立てる余裕がありません。

そのため、この35％という返済比率自体が、今の時代においては狂気の沙汰だと、某住宅ローン保証会社の役員が言っていました。住宅ローンが延滞した際に回収するのが保証会社の役目なので、35％がいかに大変な水準であるかを、彼らは骨身にしみて知っています。

ちなみに、国税庁によると30～34歳の男性の平均給与は４７０万円、25～29歳の女性の平均給与は３２６万円なので、共働きのまま結婚すれば７９６万円の世帯年収となります。

そこで世帯年収が８００万円と仮定してざっくり試算しましょう。手取りは夫婦で６４

0万円。うちボーナスは二人で80万円(年2回で160万円)。毎月の手取りは40万円です。ボーナスは会社の業績次第で当てにならないので、ボーナス併用返済はNGです。返済比率を35%で計算すると、毎月の返済額は23万円。固定資産税や各種保険、場合によっては管理費や修繕積立金もかかるので、住宅費合計で毎月26万円かかると仮定しましょう。毎月の手取りは40万円なので、住宅費だけで手取りの65%が消え、手残りは14万円です。

もし一生懸命に節約して、食費4万円・日用品費1万円・水道光熱費と通信費と保険料で3万円に抑えられれば、小計8万円です。しかし、あそ費3万円とおこづかい3万円に圧縮しても、貯めるお金は残りません。

これに対して、返済比率を20%に抑えられれば、毎月の返済額は13万円となります。減った10万円を貯蓄に回せば、子供の教育資金と老後資金に充てられます。

第1章でお伝えしたように、人生の三大出費に備えるためには、「税金+社会保険料」と同額か収入の2割を貯蓄に充てるのが王道です。三大出費から住宅費を除いた老後資金と教育費だけ確保するとしても、最低1割積み立てなければ貯まりません。

つまり本来は、上限の35%をローン返済に充てるのではなく、最低1割を貯蓄に回して残りの25％を住宅費に充てるのが、ギリギリのラインなのです。

しかも、住宅費にはローンだけでなく、固定資産税や修繕積立金、管理費なども含まれるので、住宅ローンの返済比率は20％が事実上の限界です。返済比率を20％に抑えても、住宅費は毎月の手取りの４割近くになるので、あそ費やおこづかいへの影響は避けられません。

「住宅費は年収の2割以下に抑えるのが理想的で、3割以上になるとお金が貯まらない」といわれていますが、じつはこのような背景があったのです。

日本弁護士連合会の「２０１７年破産事件及び個人再生事件記録調査」によると、個人再生（個人の場合の実質的な破産処理）に追い込まれた理由の第1位は「生活苦・低所得」で、第3位は「浪費・遊興費」だそうです。

そして、第2位がなんと「住宅購入」なのです。金融機関から住宅ローンを借りて住宅を購入できる人は、人並みに経済力がある人です。それなのに、家を買ってローンを組んだがために、実質的に破たんするなんて、あまりにも悲しすぎる。もし返済比率に余裕があれば、こんなことにはならなかったはずです。

賃貸の場合は家賃の安い家に引っ越せば何とかなりますが、持ち家の場合には引っ越せません。売却しても売却代金で借金全額を返済することは難しいので、本当に後がなくなります。ですから、住宅ローンの返済比率は20％以下に抑えることが鉄則なのです。

賃貸についても原則として、毎月の手取りの2割以下が理想的です。そうすると、徐々にお金が貯まり始めて、老後資金や教育費に余裕ができるだけでなく、マイホームを自己資金で購入できるようにもなります。

たとえば、安田財閥の祖である安田善次郎氏は住宅費を収入の1割以内に抑えて財を成したといわれています。お笑い芸人コンビ、オードリーの春日俊彰さんは「むつみ荘」という家賃3万9000円のアパートに20年間住んでいたそうですが、まさに同じことを実践されたのだと思います。

裕福になる秘訣は、どうやら住宅費にあるようです。

夫婦1年目のギモン

マイホームの購入に、いくら使える？年収の5倍は本当にありなの？

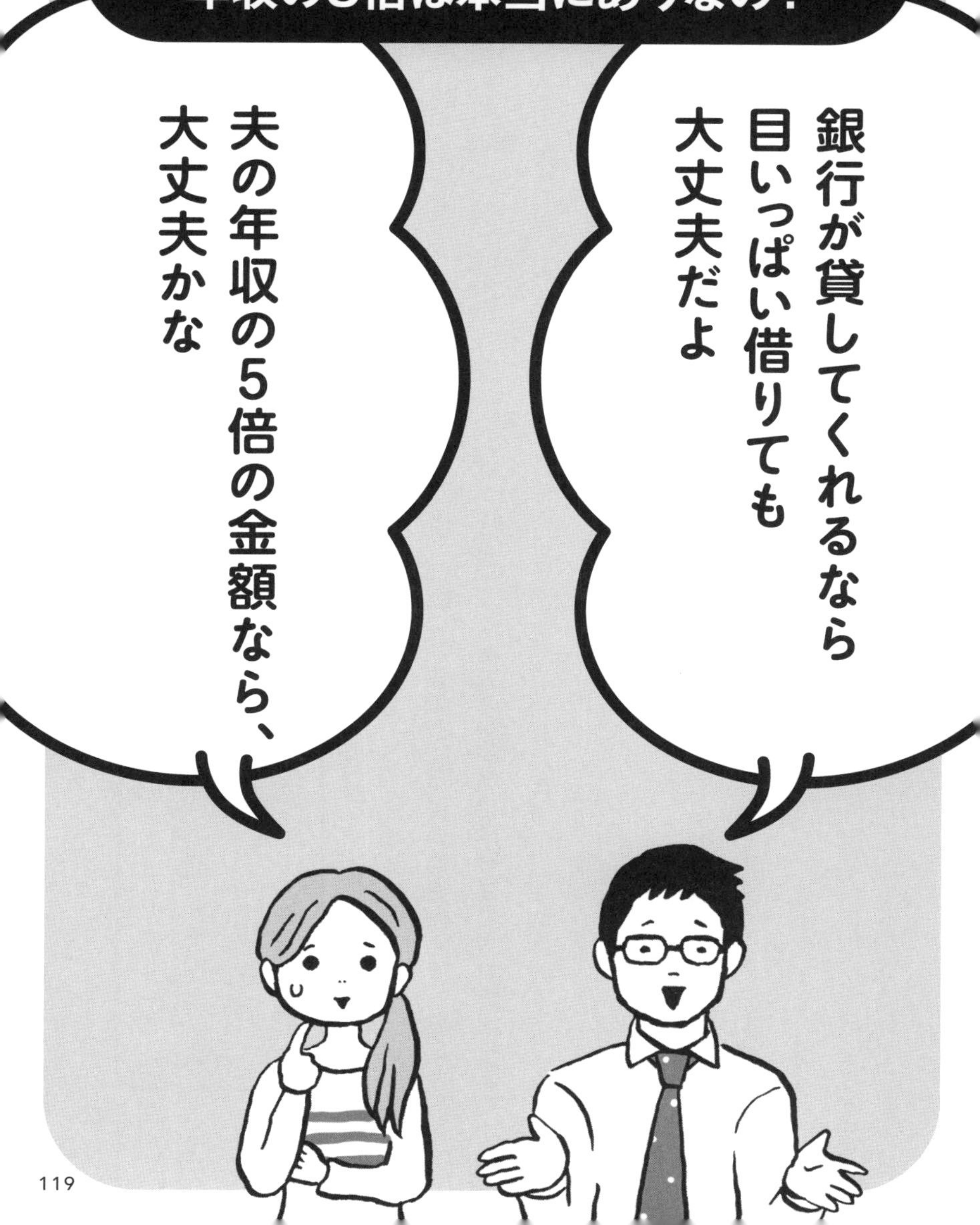

銀行が貸してくれるなら目いっぱい借りても大丈夫だよ
夫の年収の5倍の金額なら、大丈夫かな

アドバイス

返済比率2割以下で60歳までに完済できる金額

マイホーム購入額の目安は年収の5倍という話を聞いたことがあるかもしれませんが、これは都市伝説です。年収を基準にすると、25歳より45歳の人のほうが高額物件を買える可能性が高いことになります。しかし、45歳の人は返済可能期間が短いぶん、実際の借り入れ余力には限界がある。結婚指輪は給料の3か月分といわれますが、これと同じで、買わせるために仕掛けられたキャンペーンにすぎません。

もちろん銀行は1円でも多く融資したいので、条件さえ整えば返済可能額以上の融資をします。でも、銀行が貸してくれる目いっぱいの金額を借りると、あとになって資金繰りに窮することになるのです。

ここで購入時のポイントを整理すると、次の3つに集約されます。

①中古で購入し、家賃相場から逆算して割高でない物件を選ぶこと
②返済比率が年収の2割以下に収まること
③60歳までにローンを完済できること

①については、「ずばり持ち家がいいのか？　はたまた賃貸がいいのか？」の項でお話ししたような適正価格の物件を選ぶことが大前提です。

②については、「ひと月の住宅費、どれくらいまでに抑えるといいか？」でお伝えしたように、夫婦合算年収の2割で返済できる金額に抑えてください。

そして、意外と見落とされがちだけど大切なのが「③60歳までにローンを完済できること」。なぜなら、55歳、60歳と、立て続けに給料が激減する可能性があるからです。

日本の企業の一部では、55歳頃から給料が2割前後減ります。60歳定年制に移行した1990年代の法改正が元々のきっかけでした。それまでは55歳定年を前提に給料等を計算していましたが、5年延長が義務化されたことで会社の経営が圧迫され、苦肉の策でこうなったのです。

さらに、2013年の高年齢者雇用安定法の改正によって、65歳までの継続雇用が義務付けられましたが、会社の財務を圧迫するので60歳以降の給料は半減します。維持費用が70歳まで延長されれば、もっと減るかもしれません。

たとえば、40歳の人が30年間の住宅ローンを組んだとしましょう。この場合の完済年齢は70歳ですが、70歳まで同レベルの収入を維持し続けることは難しいです。30年ローンの折り返し地点となる55歳時点で給料が2割減ると、住宅ローン返済に充てていたぶんの給料の2割がそのままそっくり消えてなくなります。

60歳で給料が半減すれば、年収の「4割」をローン返済に充てることに。その頃にはマイホームも老朽化して修繕費がかさむので、収入の大半が住宅費となります。退職金は老後のための命綱なので当てにしてはいけません。

このように、年収の5倍とか、収入の2割で返済できるといった単純計算ができないところがマイホーム購入の難しいところです。

では、具体的にどうすればよいのか？　答えは逆算すること以外にはありません。まず、どんなに長くても60歳までに完済するようにしてください。老後破産して家まで失うなんてしゃれにもなりません。だから、60歳までの年数が借入可能年数となります。

そのうえで、②の基準を当てはめます。「借入可能年数×年収の20％＋頭金」が、マイホームに充てられる上限額です。そして、その上限額で買えるような①の適正価格の物件を選ぶことが鉄則となります。

なお、この場合の「借入可能年数×年収の20％」には、借入元本と借入利息の両方が含まれます。利息は金利と期間によって変化するので、必ずローンシミュレーターを使って試算してください（インターネットで検索すると見つかります）。

60歳までの返済シミュレーション

1 60歳までにあと何年あるか？

60歳 − 現在の年齢 ＝ 借入可能年数

2 収入の2割で返済できる金額に抑える

借入可能年数 × 年収の20% ＋ 頭金＝ マイホーム上限額

3 利息をシミュレーションする

利息は金利と期間によって変化するので、
ローンシミュレーターを使って必ずチェックする

● 35年ローンで借りた場合

	3000万円	4000万円	5000万円
固定金利1%	約3557万円	約4743万円	約5928万円
固定金利2%	約4174万円	約5566万円	約6957万円
固定金利3%	約4850万円	約6466万円	約8082万円

（元利均等返済の場合）

● 固定金利2%で借りた場合

	3000万円	4000万円	5000万円
20年	約3643万円	約4857万円	約6071万円
25年	約3815万円	約5087万円	約6358万円
35年	約4174万円	約5566万円	約6957万円

（元利均等返済の場合）

**60歳までに完済できる条件で
利息を必ず試算する**

夫婦1年目のギモン

頭金ゼロで借りられるみたいですが……

アドバイス

全額自己資金がベスト

「マイホームを買おう！」と思い立った瞬間に、いろいろな物件広告が目に飛び込んできて、気になり始めます。そうこうするうちに、「これいいかも！」と思う物件が出てくるのですが、肝心の先立つものが貯まっていません。そんなとき、頭金ゼロで買えるなら、「ぜひ買いたい！」と思うのが人情です。

マイホーム購入資金の手当ての仕方は、大きく分けて３つのパターンがあります。

１つ目は、全額を自己資金で購入するパターン。２つ目は、自己資金ゼロで全額を借り入れするパターン。そして、３つ目はその中間で、一定の自己資金（頭金）を用意して、足りない部分を借り入れるパターンです。

3つの中で、トータルの支出が一番多いのはどのパターンで、トータルの支出が一番少ないのはどのパターンだと思いますか。

借入額が大きいほど支払利息が増えるので、全額借りた2つ目の場合の支出が最も多くなります。逆に全額自己資金で買う1つ目の場合に最も支出が少なくなります。以前にも紹介しましたが、3600万円を固定金利2%で35年間借りたとすると、総返済額は約5009万円となり、約1409万円の利息が余分に発生することになります。

次に、毎月の資金繰りが一番きついのはどのパターンでしょうか。

これも、借入金額が大きいほど、毎月の資金繰りがきつくなります。さきほどと同じ3600万円を2%で35年間借りたとすると、全額を借りた場合のローン返済額はひと月あたり約11万9000円です（うち利息は約3万4000円）。これ以外に固定資産税と管理費や修繕積立金が加わるので、結構な負担額になるのです。

このように考えた場合、全額借り入れる場合と全額自己資金で買う場合を比べたら、どっちが有利なのかは一目瞭然です。そうであれば、「頭金をどうすればいいのか？」についてもおのずと答えが出てきます。頭金の金額は少しでも多いほうが、資金繰りが楽になりトータルの支出が少なくなるので、有利に決まっています。

極論を言ってしまうと、どうせ頭金を大きくするのであれば、**コツコツとお金をためて、全額自己資金でマイホームを買ったほうが圧倒的に有利**になります。

私たちは将来のために収入の1～2割をコツコツとまじめに貯めていきますが、超低金利なので利息はほとんどつきません。それなのに収入の2割を住宅ローンの返済に充てて高い利息を支払うなんてもったいないと思いませんか。

それよりも、貯蓄額を少しだけ増やして、将来のマイホーム取得資金として蓄えたほうが夢は膨らみます。

もし親に甘えられるのであれば、無利息で借りるとか、生前贈与を受けるという裏技も効果絶大です。

夫婦1年目のギモン

では、お金を有利に借りやすくする方法はあるの？

頑張って昇給するよ
キャッシングやカードローンを使わないことね

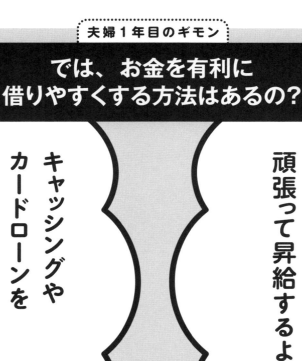

アドバイス

銀行から信頼される人を想像して、成りきってみましょう

全額自己資金がベストですが、住宅ローンに頼って購入する人もいるでしょう。もしあなたが銀行員なら、融資をする銀行の立場から見て、何が一番大切だと思いますか。

融資するお金はすべて、預金者から預かった大切な資産です。したがって、貸したお金が戻ってこないと、預かったお金を預金者に返せなくなり、大変なことになります。つまり銀行にとって最大の関心事は、融資したお金が約束通り返済されることに尽きるのです。

では、どのような人であれば、約束通りに借り入れを返済してくれると銀行は考えるでしょうか？

まっさきに思い浮かぶのは収入です。住宅ローンを返済するためには、働いて収入を得なければなりませんが、その収入が多いほど返済に余力が出てきますので、収入が多い人ほど借り入れしやすくなります。ご主人が言うように昇給すると有利です。

毎月返済するためには、今後数十年にわたって安定して収入がなければなりません。だから銀行は、勤続年数が長い人も信頼します。

反対に、無職の人や、職を転々としている人、あるいは住む場所を転々としている人をあまり信用しません。

クレジットカードや携帯電話の分割払いなどを延滞せずに、約束通り返済している人も、銀行は信用します。そういう人は律儀なので、住宅ローンを約束通り返済する可能性が高いからです。預貯金をしっかり貯めている人も、ムダづかいをしない堅実な人とみなされます。マイカーローンやワンルームマンションのローン残額などが少ない人にも、銀行は安心して融資します。

クレジットカードのキャッシング枠が少ない人も、借り入れが有利になります。なぜなら、キャッシング枠があるといつでも借金できますが、キャッシング枠が少ない人は余計な借り入れをする可能性が低いからです。だから奥さまが言うように、キャッシングやカードローンを使っていない人は借りやすくなります。

大手金融機関では、属性等の個人情報をこれらに織り交ぜてスコアリングし、過去のビッグデータを基に細かな融資条件を判断します。

その他、民間銀行オリジナルの住宅ローンの場合には、団体信用生命保険（団信）への加入が必須なので、健康状態も大切です。

ところで、銀行が融資する際に重視するポイントが3つあります。それは、**「資金繰り」**と**「属性」**と**「担保」**です。

「資金繰り」とは、毎月のローンを返済できるだけの収入を毎月安定して得られるかどうかということ。収入が多くて安定している人ほど借り入れしやすいのは、そのためです。

「属性」とは、信用に値する人物かどうかということ。職業や年齢、クレジットカードなどの支払い履歴・延滞履歴などに問題なければ、信用できると推定できるので、銀行としても安心です。

そして、「資金繰り」と「属性」がどんなに素晴らしくても、「担保」が十分でないと融資限度額が下がります。なぜなら、万が一返済できなくなった場合、担保不動産を売却して回収しなければならないからです。

そこで銀行は必ず、融資対象となる物件に「抵当権」を設定します。つまり、担保ですね。売買価格が高くても実際の市場価値が低い物件であれば、担保価値は低くなります。「ずばり持ち家がいいのか？　はたまた賃貸がいいのか？」でお話しした適正価格よりも安く買えるような物件なら、担保価値は高くなります。担保価値は高いほど、借入可能額は大きくなるのです。

このように銀行の立場になって考えると、どうすればお金が借りやすくなるかが見えてきます。

なお、借り入れを申し込む銀行に定期預金や投資信託などの取引があり、給与振込口座や公共料金引落口座に指定していると借り入れしやすいといわれますが、この辺りは特に気にする必要はありません。言われてから対応しても十分間に合います。

ちなみに新築分譲の場合には、その不動産会社が銀行と住宅ローンの提携を結んでいることが一般的です。あらかじめ担保評価などの作業を済ませてあるので、ローン審査に時間がかからず手間暇がかからないメリットがあります。その一方で、手数料が余計にかかる場合も多く、借り入れ条件については必ずしも有利とは限りません。

これとは別に、勤め先によっては、メインバンクとの間で企業提携ローンという協定を結んでいる場合があります。この場合には、福利厚生の一環として、勤め先が保証や利子補給をしてくれたり、給与天引きをしてくれたりするケースがあります。勤め先に社内融資制度があるかもしれないので、念のため、事前に人事部等に問い合わせることをおすすめします。

このようにポイントさえ押さえれば、住宅ローンを借りやすくする方法は見つかります。

夫婦1年目のギモン

金利を選ぶなら、固定金利？　変動金利？

アドバイス

今後金利が上がる可能性もあるので固定金利がいいでしょう

住宅ローンの金利の種類は、全期間固定金利、全期間変動金利、最初だけ固定で残りは変動金利、という3つに分けられます。

全期間固定金利は住宅金融支援機構のフラット35で、残りの2つは民間銀行の住宅ローンなどです。

変動金利がよいのか、固定金利がよいのかについては、借入時期によりけりです。これ以上金利が下がりようがない低金利の時期なら、将来金利が上がっても大丈夫なように固定金利で借りたほうが安全です。金利が高い時期なら、変動金利で借りれば、将来金利が下がったときに支払利息が低くなり、有利です。

10年後・20年後・30年後に金利がどのように変化するかは、誰にもわかりません。1つだけ確実に言えることは、変動金利を選んだら、将来金利が上がったときに支払利息が増える可能性があること。固定金利を選択した場合には将来の支払利息は変化しないことです。

したがって、**低金利とかゼロ金利・マイナス金利といわれている間は固定金利**を選んでください。また、**高金利といわれる時代になったら、変動金利**を選んでください。

なお、次ページの折れ線グラフは、住宅金融支援機構のフラット35（全期間固定金利）の過去の金利の推移表です。

日本では2016年2月に史上初のマイナス金利政策を始めました。マイナス金利とは、民間銀行が日本銀行にお金を預けると、利息をもらえるのではなく逆に利息を支払わなければならなくなる政策です。

その影響か、住宅ローンの金利も2016年以降は低い水準で推移していることが、グラフから伺えます。

フラット35の金利推移

変動金利を選べば、
将来金利が上がった場合、支払利息が増える

固定金利を選べば、
将来の支払利息は変化しない

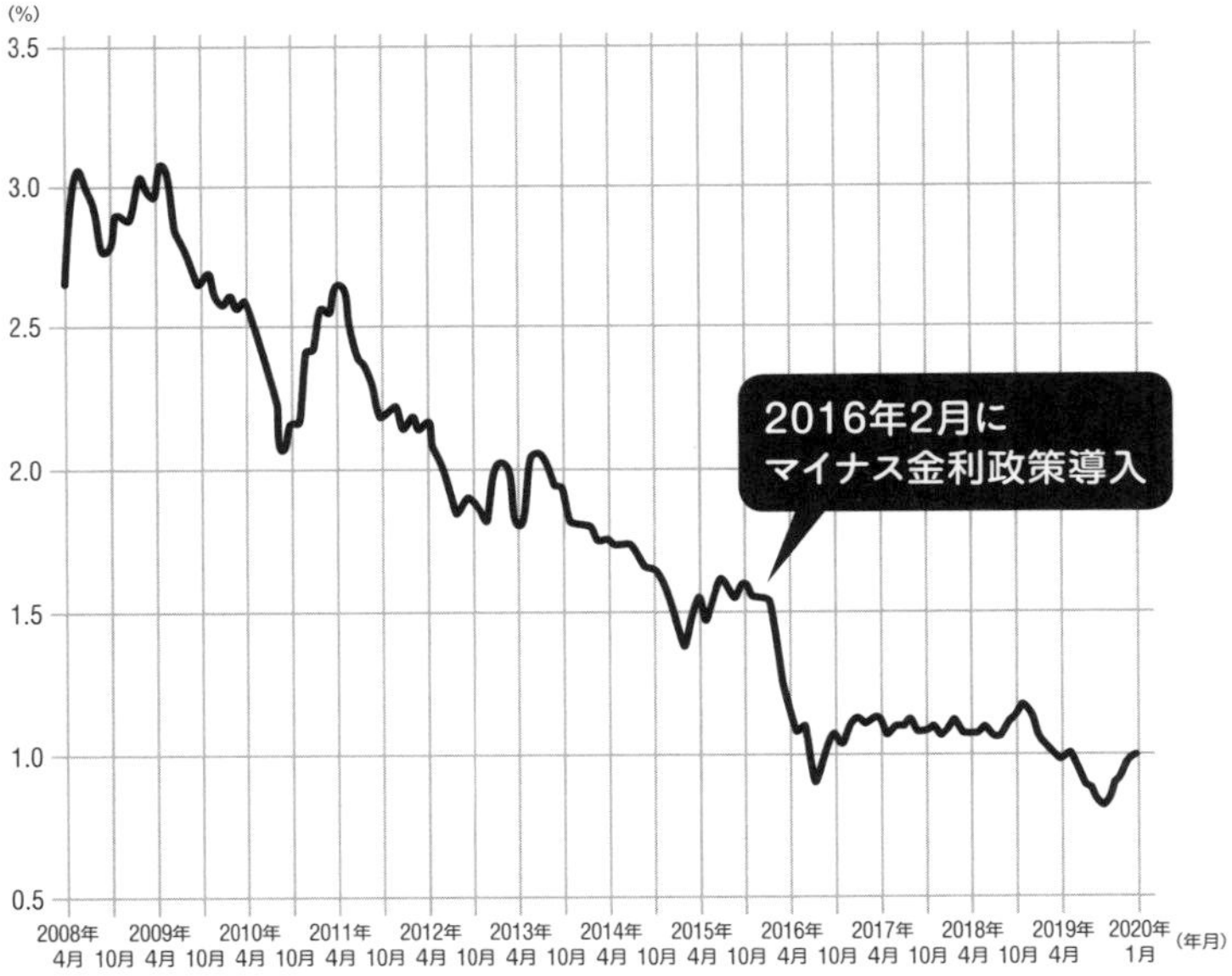

※借入期間21年〜35年（旧団信）を抜粋
出典：アルヒ株式会社　https://www.aruhi-corp.co.jp/rate/transition/

低金利、ゼロ金利、マイナス金利と
いわれている間は固定金利がいい

夫婦1年目のギモン
住宅ローンは
夫婦で収入合算すべきか?
二人の収入を合算して借り入れ余力を増やすべき
出産後の収入減を考えると夫の収入のみで計算するべき

アドバイス

借入限度額を引き上げる収入合算は便利。ただし、リスクもあるので要注意！

共働き世帯の収入は専業主婦（夫）世帯の倍近くになり、夫婦ともに働き続ければ生涯収入も倍近くになります。そして、住宅ローンの返済にもゆとりが生まれます。

幸いにも多くの銀行で、夫婦の収入を合算して住宅ローンの借入限度額を引き上げる「収入合算」が可能です。借り入れ余力が大きいほど、いい家が買えるわけです。

しかし収入合算には、隠れた落とし穴があります。夫が借入人で妻が保証人になる連帯保証型が主流なのですが、団体信用生命保険（団信）に保証人は加入できません。団信とは死亡時にローンの残額が保険金で完済される保険のこと。保証人が死亡した場合には、毎月の収入が半減するのに返済額は同じままで、資金繰りが一気にきつくなるのです。

また、住宅ローン残高の1％分の税金が戻ってくる住宅ローン控除という制度があるのですが、保証人には適用されません。

ただし、夫婦それぞれがローンを借りるペアローン方式と、夫婦が連帯して債務者になる連帯債務型の収入合算では、この2つの欠点を回避できます。

まず、ペアローンでは、夫婦それぞれがローンを借りて、夫婦それぞれがマイホームの持ち分を取得します。それぞれがローン残高を抱えるので、残高に応じて住宅ローン控除を使えます。また、おのおのの借入額について、団信に加入して保証を受けることもできます。

デメリットはそれぞれに事務手数料が発生すること。別々に団信に入るので、手数料も高くなります。

連帯債務型の収入合算では、夫婦が共同でローンを背負うので、二人とも住宅ローン控除を使えます。この場合、マイホームの持ち分に応じてローンを背負うので、住宅ローン控除もその割合で受けられます。

次に団信ですが、デュエット（夫婦連生団体信用生命保険）に加入すると、夫婦ともに保証を受けられます。

なお、住宅ローン控除の適用期間は原則10年ですが、ときどき内容が変わります。たとえば２０２０年時点では、13年間に延長。共働きが10年以上続く場合には、ペアローン方式か連帯債務型の収入合算にするのがお得です。

このように重宝するペアローンと収入合算ですが、もろ刃の剣でもあります。結婚すると、出産・育児という一大イベントが待ち構えていますが、多くの女性が出産・育児後にスムーズに職場復帰できずに苦労されます。社会全体や勤務先の仕組みがスムーズな職場復帰と育児をサポートする体制になっていないためです。そうなると、ペアローンや収入合算が逆にあだになってしまいます。給与のカットや倒産、リストラがないとは言い切れません。そこで、想定外のことが起こっても問題がないように対策を立てておきましょう。具体的には、次のような場合には、収入合算して借りても大丈夫です。

①どちらかが専業主婦（夫）になったとしても、ボーナスを流用することで、ローン返済と生活費を十分にまかないながら、貯蓄もできる場合
②マイホームを賃貸に出して、家賃収入だけで住宅ローンと維持費をまかなえる場合
③勤務先に、産休や育休後にスムーズに職場復帰できるような環境が整っていて、収入が減る可能性が極めて低い場合
④妻社長メソッドなどで副業をして、住宅ローン返済資金を稼げる場合
⑤その他、失業保証付きの住宅ローンを借りるなど、保険などで賄う場合

もしいずれの条件も満たせない場合には、奥さまが言うように夫婦どちらかの収入で返済できる範囲で借りるほうが安全です。そうすれば、住宅ローンを返済しながら、貯蓄もできます。貯まったお金で繰り上げ返済してもいいし、将来の住宅買い替え資金にも使えるので、一石二鳥です。

収入合算のメリットとデメリット

		メリット	デメリット
収入合算せず	単独借り入れ	● 返済負担が軽い。不測の事態が起きても、返済し続けられる 〈こんな方におすすめ〉 返済負担を抑えたい場合	● 収入合算やペアローンと比べて、借りられる金額が少ない
収入合算	連帯保証型収入合算	● 単独借り入れよりも多く借りられる。手数料など諸費用が一番安く済む 〈こんな方におすすめ〉 家の名義を借入人名義にしたい場合	● 保証人が死亡した場合、収入は半分になるのに返済額は従来どおり
	連帯債務型収入合算	● 夫婦それぞれが住宅ローン減税を受けられる ● デュエットという団信に入れば、夫婦のどちらが死亡しても保証を受けられる 〈こんな方におすすめ〉 いずれ専業主婦（夫）になる場合	● フラット35しか使えない
	ペアローン	● 夫婦それぞれが住宅ローン減税を受けられる ● 夫婦のどちらが死亡した場合でも保証を受けられる 〈こんな方におすすめ〉 ずっと夫婦共働きを続ける場合には最適	● 印紙代や事務手数料などが二人分かかる

共働きが10年以上続くなら、ペアローン方式か連帯債務型収入合算がいい

夫婦1年目のギモン

住宅ローンは繰り上げ返済したほうがいい？

住宅ローン減税で利息分が戻ってくるので、返済しないほうがいいよ
繰り上げ返済したほうが借金も少なくなり安心かな

アドバイス

繰り上げ返済はやめましょう

「住宅ローン控除」や、「すまい給付金」などを総称して、住宅ローン減税といいます。中でも一番ポピュラーなのが**「住宅ローン控除」**で、マイホーム購入やリフォームのローン残高に応じて、所得税や住民税の一部が控除（免除）される制度です。年末時点でのローン残高の1％が所得税から還付され、所得税で還付し切れなかった分は住民税から還付されます（最大40万円）。

とても魅力的な制度なのですが、制約もあります。住宅ローン控除は文字通り「控除」なので、自分が納めた所得税と住民税の中からローン残高の1％が戻ってくるにすぎません。したがって、ローン残高が大きくても、納税額以上の金額が戻ってくることはありません。その意味で、高額所得者以外には不利な制度になっています。

そこで、これを補うために作られたのが、年収510万円以下の住宅購入者を対象とした**「すまい給付金」**という補完的な制度です。

いずれにしても、ふるさと納税等と比較するとはるかにメリットの多い制度なので、住宅購入時に必ず活用してください。

ここで1つ悩ましいのは、繰り上げ返済とのバランスです。住宅ローンの借入額は数千万円にのぼるので、支払利息も膨大です。毎年少しでも多くお金を貯めて、ローンを繰り上げ返済するほうが利息負担が軽くなります。

しかし一方で、住宅ローン控除で戻る金額は残高の1%ですから、実質的には借入金利のうちの1%を補ってもらえる効果があります。どうせ1%補ってもらえるのなら、無理に繰り上げ返済する必要もないのでは？　とも思えます。

これについては、借入金利が何%かにもよりますが、私は**繰り上げ返済しないことをおすすめ**します。なぜなら、住宅ローンで一番恐ろしいのは、利息の払いすぎではなく、資金繰りがまわらなくなって個人再生に追い込まれることだからです。

住宅ローンの延滞の大半は、借り入れ後5年目から10年目の間に発生することがわかっています。まさに、住宅ローン減税を受けられる期間と重なっている。裏を返すと、最初の10年間を何とか乗り切ることができれば、そのあとは何とかなる可能性が高いということ。あえてリスクをおかす必要はありません。したがって、魔の10年を無事に乗り切って、資金繰りにも余裕ができてから、繰り上げ返済してください。

このように、住宅ローン減税については、税金面のメリットだけでなく、資金繰り面でのメリットもあるので、しっかりと活用してください。

ところで、国が節税の仕組みを用意している場合には、必ず意図があります。住宅ローン減税も例外ではありません。

一生のうちで最大の買物はマイホームです。家を買って引っ越すと家電やインテリアが売れるようになり、内需が盛り上がります。昔と違って輸出立国は無理なので、国としては内需拡大策に躍起です。そこで、一人でも多くの国民にマイホームを買ってもらおうと導入したのが、住宅ローン減税だったのです。

したがって、元々は賃貸派だった人も、住宅ローン減税の恩恵を受けたいがために、マイホームを買っています。そのおかげで内需が拡大している側面もあるので、それ自体はいいことだと思います。

ただ一方で、もし税制面での優遇に魅力を感じるなら、家を買わずに手軽に節税する方法があります。それは妻社長メソッドを使ったプライベートカンパニーの活用です。

具体的には、自分たちが住みたい部屋（家）を見つけたら、個人として借りるのではなく、プライベートカンパニー名義で契約します。法人契約の場合、お店や事務所として使われて不特定多数の人が出入りするケースがあるため、法人契約を嫌がる大家さんもいらっしゃいます。そこであらかじめ、社宅として住むために借りる旨を大家さん（仲介業者さん）にお伝えください。

そのうえで社宅代を家賃の半額に設定して入居します。そうすると、たとえば家賃10万円の部屋であれば、家計負担は半額の5万円で済みます。プライベートカンパニーは毎月5万円（年間60万円）の赤字になるので、それを全額節税できることになるのです。

妻社長メソッドを使った社宅貸借法

個人が家を借りる場合

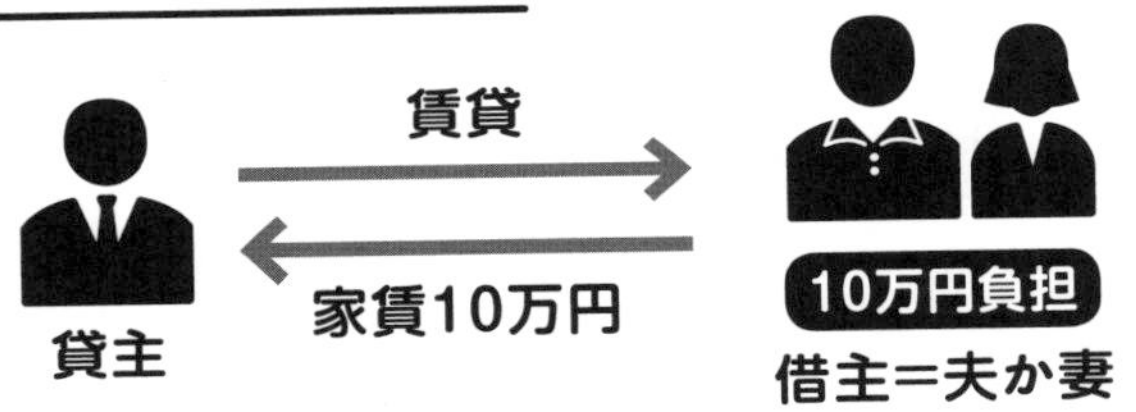
賃貸
家賃10万円
貸主
10万円負担
借主＝夫か妻

家計から家賃を支払う➡家賃は経費扱いにはならない

プライベートカンパニーが社宅として借りる場合

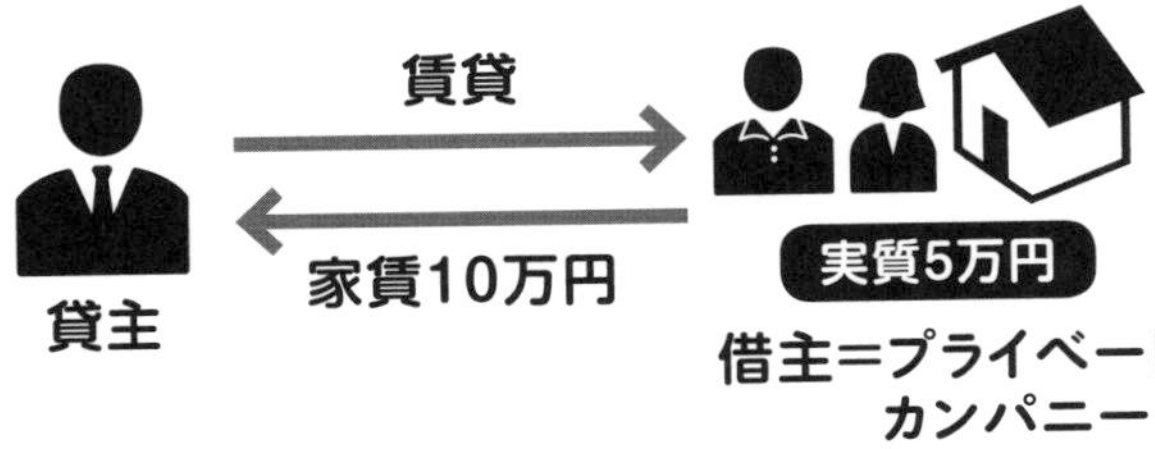
賃貸
家賃10万円
貸主
実質5万円
借主＝プライベート
カンパニー

プライベートカンパニーの収入で家賃を払う
➡家賃の半分を経費にできるので、5万円の家計負担で家賃10万円の部屋に入居できる

個人で契約するのではなく、法人で契約することで、実質、家賃の半分の負担で住むことができる

第3章

貯金・投資編

年金の他に2000万円必要とか、年金は当てにならないから3000万円必要だとか、いろいろな情報が飛び交っています。

仮に老後資金が2000万円必要だとしても、いったいどうやって貯めればいいのでしょうか。株式投資、投資信託、NISA（ニーサ）、FX、定期預金、国債、確定拠出年金——あなたにとって、どれが最善な方法なのかご存じですか。

心配なのは老後資金だけではありません。子供の教育費にいくらかかるかわからないし、それをどうやって準備すればいいのかもわからない。資産を増やすために転職や副業をするべきなのか、どれが正しいのかわかりません。

そこで第3章では、基本に立ち返って、安全確実に資産を増やすコツを学んでいきましょう。

夫婦1年目のギモン

人生設計において、何を優先にお金を貯めればいい？

老後資金は必須だね
まずは教育費を考えてよ

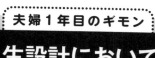

アドバイス

老後資金と教育費を優先的に固める

これまで、夫婦でよくあるお金の疑問、住まいの疑問についてお答えしてきました。ここで、二人の人生で何に一番お金が使われているのかを一度、確認しておきましょう。人生で一番大きな出費は「税金＋社会保険料」でしたね。平均すると生涯収入の２割前後に相当します。２番目が住宅費、３番目は食費です。意外なことに教育費は数％です。老後資金に至っては、食費や住宅費、水道光熱費などの集合体であって、老人だから必要になる特別な費用ではありません。

それなのになぜ、教育費・住宅費・老後資金が「人生の三大出費」と呼ばれるようになったのか。それは、この３つの出費がすべて、必要になったときに慌てて工面しようと思っても、短時間では準備が間に合わない出費だからです。

実家から独立して生活を始めたら、誰だって住む部屋が必要ですし、食事も必要ですから、住宅費や食費などの生活費は毎日のように意識します。
ところが、10年後・20年後・30年後の出費はずっと先のことなので、あまり深くは考えない。だからこそ、三大出費に対して意識的に準備することが必要なのです。

ご主人が言うとおり、老後資金は不可避です。誰しもいずれ働けなくなる老後を迎えますが、寿命はどんどん伸びていて、年金も必ずしも万全とは言い切れません。だからこそ、必要十分な老後資金を準備したいと思います。

逆に一番融通がきくのは、住宅費です。マイホームは数千万円の買物ですが、みんなが家を買うとは限りません。住む家は絶対に必要ですが、それが賃貸であっても特には困りません。そのときの生活スタイルや家族構成に合わせて、最適な部屋を借りて生活すればいいので、突然大きな出費が出てくるわけではありません。高額なマイホームを購入する場合にしか大きな出費は発生しないのですが、ここについては第2章でお話ししたとおりです。

最後に教育費ですが、子供の進路が予測できないので、教育費がいくら必要になるのかはそのときになるまではわかりません。必要な金額がわからない以上、準備のしようがありません。とはいえ、大学まですべてを国公立に通う場合が一番教育費がかからないので、最低限その金額を用意する必要はあります。

のちに「どのタイミングで積立投資をやるべきか?」でお伝えしますが、子供二人分であれば合計1000万円積み立てれば大丈夫です。子供1人あたり約200万円の児童手当がつくので、実質的には600万円で足りる計算になります。仮に医学部や私立大学に進学したとしても、奨学金制度を利用すれば、足りない部分も何とかなります。

このように人生設計という意味では、ご主人が言うように**老後資金は若いうちから意識すべき支出項目**です。家族計画にもよりますが、奥さまが言うように**教育費も外せない支出項目**です。

夫婦1年目のギモン

一番早く無理せず貯金ができる方法は?

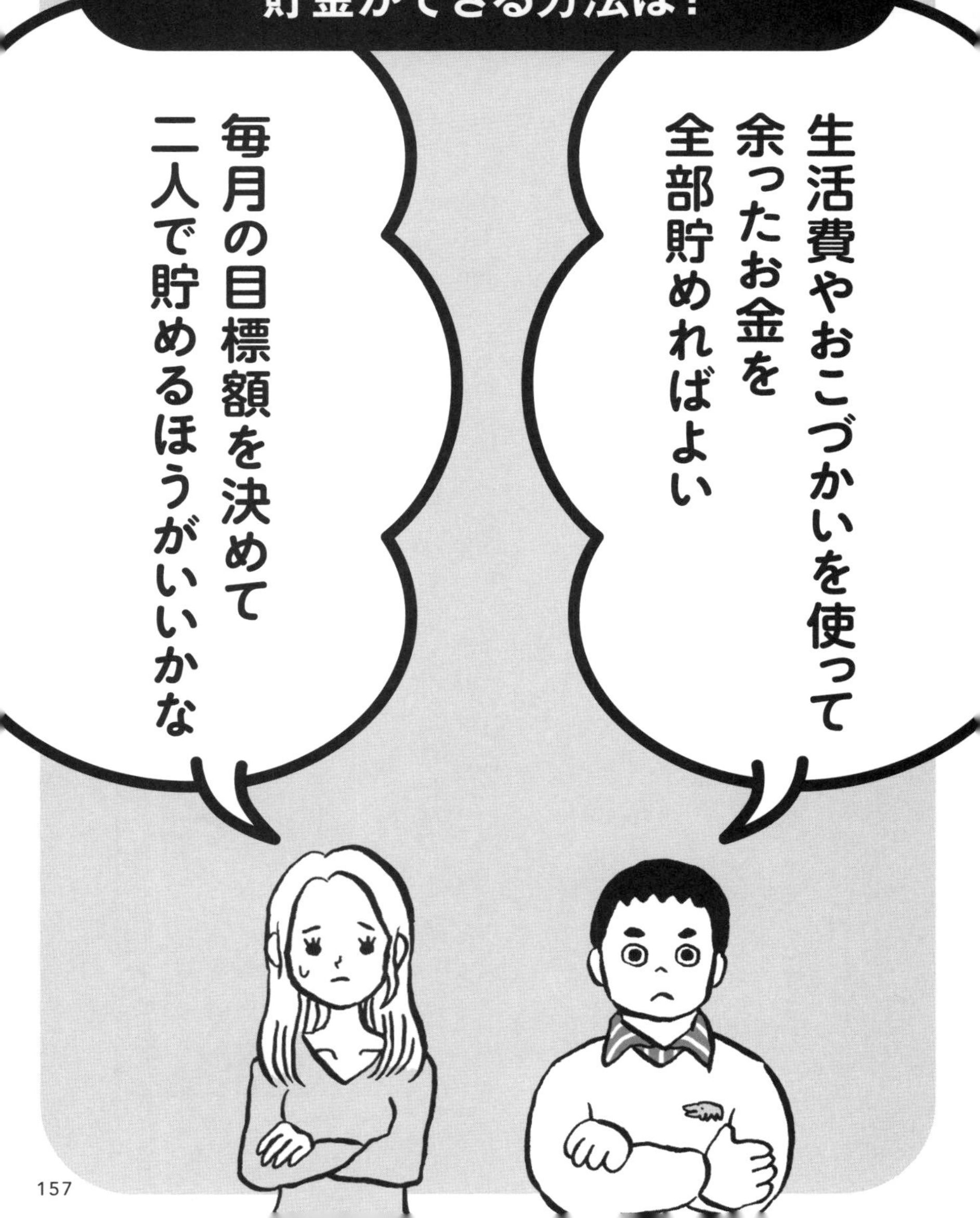

生活費やおこづかいを使って余ったお金を全部貯めればよい
毎月の目標額を決めて二人で貯めるほうがいいかな

アドバイス

「税金＋社会保険料」と同額を自動積み立てにする

ご主人が言うように生活費やおこづかいを使って余った金額で貯めれば、確かにストレスはたまりません。でもその代わり、お金も貯まりません。人生の三大出費（教育費、住宅費、老後資金）に備えるためには、奥さまが言うように金額を決めて、毎月コツコツと貯める必要があります。

悩ましいのは、いくら貯めればいいのか。そして、どうやって貯めればいいのか、です。

貯める金額は、生涯の世帯収入がいくらか、あるいは子供の教育費がいくらかで大きく変わってきます。1億人いれば1億通りの金額と方法があるのでキリがありませんが、自分に当てはめたらどうなるのかをイメージできるように、平均値を使ったモデル例を使ってお伝えします。

教育費は、子供2人分で実質600万円とお話ししましたが、後述するように1000万円のつもりで積み立てないと貯まりません。

住宅費は、前出の通り約3600万円と仮定します（借りる場合は利息もかかります）。

老後資金は、第4章でお話しするように2000万円貯めなくても大丈夫なケースがいろいろありますが、ここでは2000万円必要という前提で考えてみます。

これら3つを合計すると三大支出全体で約6600万円必要になります（ローン利息を除く）。教育を充実させたい方や都市部に住む方などは、もっと上振れします。

これに対して生涯収入はどれくらいになるのか？

男性正社員の生涯賃金はざっくりベースで平均すると3億円前後、女性非正規社員の生涯賃金はざっくりベースで1億2000万円前後と推測されます。

そこで、夫婦合算の生涯賃金を額面で4億2000万円と仮定してみましょう。税金と社会保険料は合計で約2割前後なので、合算で8000万円強になります。したがって、給料とボーナスから天引きされる税金と社会保険料の合計額と同じ金額を積み立てれば、余裕で6600万円以上貯められる計算になります。

また、手取り合計額は3億4000万円になるので、6600万円÷3億4000万円=約2割です。手取り収入の2割を貯めていく方法でも、なんとかクリアできそうです。

では具体的にどうやって貯めればよいのでしょうか？　答えは「確定拠出年金、小規模企業共済、財形貯蓄、積立定期預金のような、自動積立方式の口座を作る」です。次項にてお話しします。

夫婦1年目のギモン

貯蓄のために何をすればいいの?

夫婦それぞれの口座でコツコツ貯めれば十分
財形貯蓄や確定拠出年金の口座は作ったほうがいい

アドバイス

貯蓄用の口座を作って積み立てを始めよう

将来のための貯蓄が生活費と一緒になっていると、境目のないどんぶり勘定になってしまい、ついつい使ってしまいます。

そこで奥さまが言うように、**生活費用の口座とは別に、貯蓄専用の口座を作りましょう。**とはいっても、めんどくさいことは避けたいし、危ないこともしたくない。簡単・安全・確実な方法があれば、それに越したことはありません。

そこで、おすすめしたいのが、確定拠出年金、小規模企業共済、財形貯蓄、積立定期預金という4種類の口座です。この中から一番自分に合ったものを2つ選んでください。

確定拠出年金は老後の生活費の積み立てです。小規模企業共済は個人事業主や零細企業の社長向けの退職金積立です。財形貯蓄は給料から天引きで積み立てる口座です。積立定期預金は普通預金から積み立てる口座です。

いずれも自動で積み立てられるので手間暇がかかりません。強制力が働くので、嫌でもお金を貯められる。あとは、どんな目的で貯めるのかによって、どれを選ぶのかが決まってきます。

老後のために貯蓄したい方は、迷わずに確定拠出年金を始めましょう。堅苦しいネーミングですが、名前とは裏腹に素晴らしい制度です。

なぜ素晴らしいかというと、確定拠出年金は「お金の定理」をすべて満たしているからです。お金の定理とは「1＋1＝2」のような事実、つまり、絶対に否定しようがない自然科学です。

〈お金の定理〉

- **その1 正しく分散するとお金は安全に増える**
- **その2 手数料と税金は少ないほどお金が減りにくい**
- **その3 複利で運用するとお金の増え方が加速する**

確定拠出年金は、この3つをすべて満たした優秀な年金積み立てです。老後の生活費を貯める目的であれば、これほど簡単で素晴らしい仕組みはありません。しかも、毎月自動的に積み立てられるので、手間暇もかかりません。日本人であれば誰でも作れます。

マイホーム資金や子供の教育資金を積み立てるなら、財形貯蓄です。会社や役所の多くは、福利厚生の一環として一般財形・住宅財形・年金財形の3タイプの財形貯蓄を用意しています。毎月の給料の他に、ボーナスからも積み立てできます。

勤め先に財形貯蓄の制度がない場合には、民間銀行の積立定期預金を利用しましょう。

低金利時代にはほとんど利息はつきませんが、強制的に貯められる点は魅力です。

この他にもつみたてＮＩＳＡ（ニーサ）やジュニアＮＩＳＡという制度があります。一般ＮＩＳＡと比べてラインアップがまともなのですが、仕組みが複雑すぎるし、制度の改変が続くようなのでしばらく様子見です。

また、学資保険という教育資金の積み立て商品がありますが、それよりも個人向け国債のほうが利息が貯まります。そこで、しばらくは財形貯蓄か積立定期預金で貯めて、お金がまとまったときに２〜３年に一度、個人向け国債を買う方法をおすすめします。

こうして、生活費用の口座とは別に貯蓄用口座を作る際には、ご主人が言うように夫用と妻用の口座を作ってください。なぜなら、確定拠出年金にしても財形貯蓄の非課税枠にしても限度額があるからです。

たとえば確定拠出年金であれば、１人最大月額１万２０００円〜２万３０００円しか積み立てできないので（自営業者は６万８０００円）、１人だけしか積み立てないのはもったいないです。離婚のような想定外のことが起こることもあるので、「不安問題」に対処するためにも、二人とも加入して積み立てましょう。

おすすめしたい4つの貯蓄口座

確定拠出年金

老後の生活費の積立。「増える」「減りにくい」を兼ね備えた優秀な年金積立

小規模企業共済

個人事業主や零細企業の社長向けの退職金積立

財形貯蓄

給料から天引きで積み立てる口座。マイホームを買う資金や子供の教育資金を積み立てる場合におすすめ

積立定期預金

普通預金から積み立てる口座。勤め先に財形貯蓄の制度がない場合に活用

2つのメリット

- 自動で積み立てられるので手間暇がかからない
- 強制力が働くので、嫌でもお金を貯められる

生活費用の口座とは別に、
貯蓄専用の口座を夫婦ともに2つ作りましょう

夫婦1年目のギモン

株式投資をやったほうがいい？

アドバイス

株式投資は増やせる可能性が半分以下なので、やめたほうがいい

お金を使う基準は1つしかありません。その商品やサービスが本当に「必要か否か？」です。

そして、「何のために使うのか？」という目的がはっきりしないと「必要か否か？」はわかりません。株式投資も例外ではなく、まず最初に「何のために株式投資をするのか？」をはっきりさせなければなりません。

「日経マネー」の調査[*8]によると、投資目的は「老後資金」が38・3％でトップ。2位の「生活資金の上乗せ」が13・3％、4位の「給料に不安」が8・8％、5位の「早期リタイア」が7・7％。すべて合わせると、68・1％の人が「お金を増やす」目的で投資をしています。

つまり、「株式投資でお金が増えるかどうか」が、「必要か否か」、つまり株式投資をしてもよいかどうかの判断基準となります。ちなみに、日本証券業協会によると、株を持っている人は12・2%です。それもそうでしょう。株式投資でお金が増える確率は半分以下です。買った個別の株式銘柄が上がる確率も下がる確率も半々です。未来の株価を予測することはできません。素人でも株式投資でお金を増やせる可能性が高い方法は、すべての株式を細切れにして分散して購入する方法くらいしかないのです。インデックスファンドを買うのですが、これについては次項でお話しします。

いずれにしても、半分以上の確率でお金が増えないのであれば、株式投資にお金を使うことはムダづかいになります。

私には、銀行員としてのノウハウと株式投資の知識を駆使したのに、株式投資に失敗して破産しかけた経験があります。きっかけは2000年代の前半に、「日本の年金は破綻する！」「国の財政も破綻する！」という報道が日本中をかけめぐったこと。当時は私も不勉強だったので、年金破たんと財政破たんを本気で信じてしまいました。

こうして、老後のことは自分でなんとかしなければいけないと思って始めたのが株式投資でした。最初は順調に資産が増えたので、自分の実力だと勘違いして調子に乗ってしまい、気づいたら多額の借金をして株式投資につぎ込むようになっていたのです。

ところが2006年に突如ライブドアショックが発生。翌年の2007年にはサブプライムショック。2008年には追い打ちをかけるようにリーマンショックと続いたのです。こうして私は、あっという間に破産寸前にまで追い込まれてしまったのです。さすがにしばらくは立ち直れませんでした。お金のプロとして金融知識を駆使したのに、なぜ失敗したのか。破産寸前のどん底で毎晩考え続けました。そしてようやく、3つの大切なことに気づいたのです。

1つ目は、情報量とスピードで私たち素人はプロのトレーダーには敵わない、ということ。

2つ目は、そのプロのトレーダーでさえ利益を出し続けることができないので、お客さんからもらう手数料で生活せざるを得ない、ということ。

3つ目は、お金とは感謝の気持ちなので、人さまから感謝されて初めてもらえるものだ、ということ。

どんなに知識とノウハウを駆使して株を売買しても、人さまから喜ばれなければお金はもらえません。

そして、そもそも株価が将来どうなるかを予測することは不可能です。プロであっても株やFXでもうけ続けるのが難しいことは、ノーベル賞受賞者4人（ウィリアム・フォーサイス・シャープ、ハリー・マックス・マーコウィッツ、ジェームズ・トービン、ユージン・ファーマ）によって証明されています。つまり再現性がないのです。

マネーゲームという言葉がありますが、真っ先に連想されるのが株式投資です。ゲームとは勝ち負けを楽しむ娯楽のこと。本物の戦《いくさ》なら死にますが、スポーツや将棋のようにゲーム化することで、命を失わずにスリルを楽しんだり、知略を楽しんだりできます。

しかし、お金は失います。そもそも投資は、ゲームでもギャンブルでもエンターテインメントでもありません。地味で地道で退屈なのが貯蓄であり投資です。ハラハラ・ドキドキ、一発逆転、一獲千金の世界とは無縁なのです。

結局、株を買ってもいいケースは1つだけ。ご主人が言うように勉強のために買う場合です。株を買うと株価が気になるし、ＦＸをやると為替が気になります。株も為替も経済情勢次第なので、いつの間にか経済動向を気にするようになる。災害や気候、政治情勢や国際情勢にも敏感なので、必然的にアンテナを高く張るようになります。

このように、目的はあくまでも自分自身の勉強のためなので、買うとしてもおこづかいの範囲内にとどめておきましょう。

夫婦１年目のギモン

投資信託を始めたほうがいい？

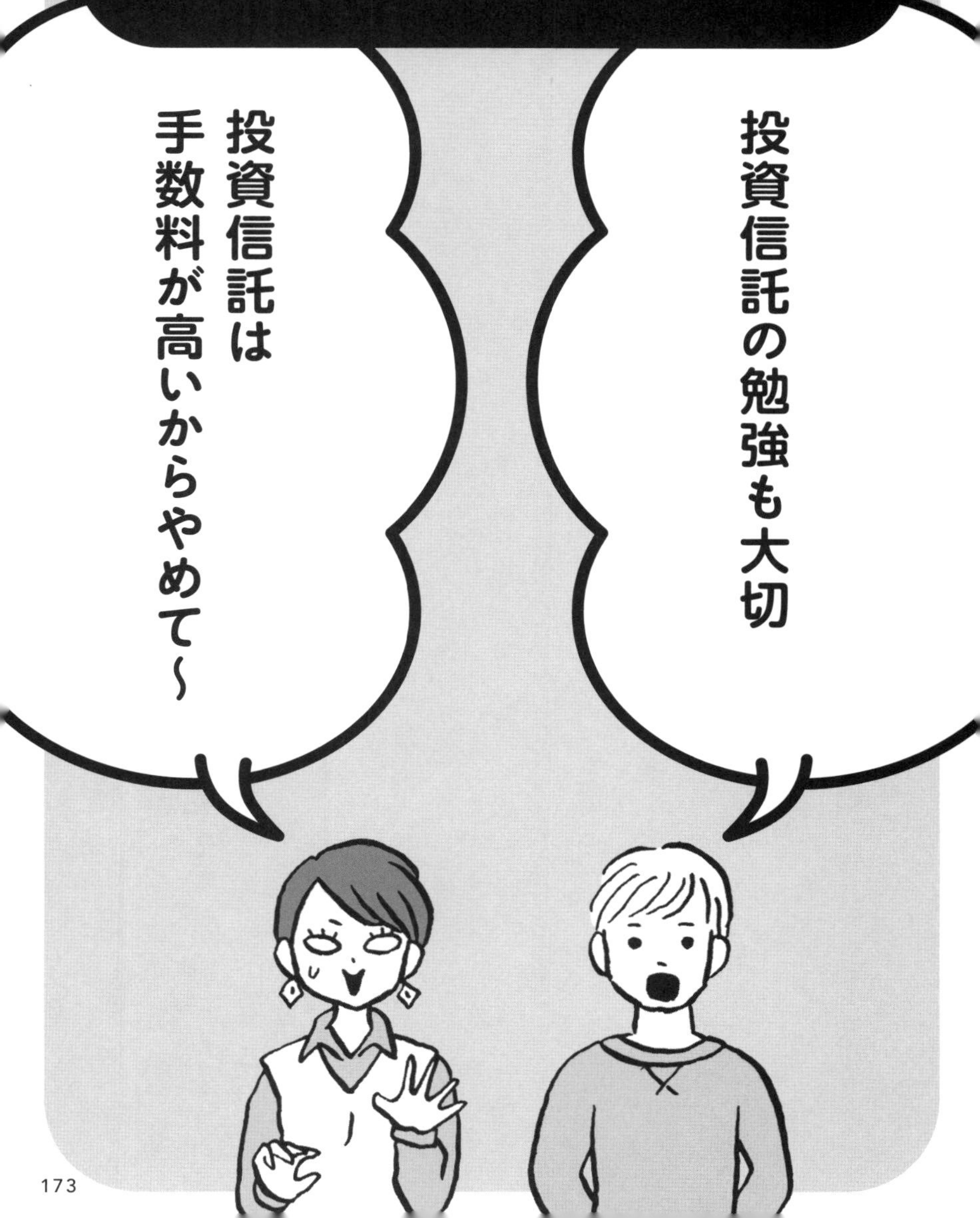
投資信託の勉強も大切
投資信託は手数料が高いからやめて～

アドバイス

まともなのは日本では手数料が低いインデックスファンドだけ

投資信託を持っている人の割合は8・8%だそうです。11人に1人ですので、8人に1人の株式投資よりも少数派です。

銀行の窓口で資産運用を相談すると、投資信託とファンドラップと貯蓄型保険をすすめられます。私が銀行員だった頃も、みなさん必死にこの3つをセールスしていました。いずれも手数料の塊で、銀行にとってのもうけが大きいためです。

裏を返すと、奥さまの言うとおり手数料が高すぎるので、お金を増やすことは至難の技です。

この事実がよくわかる面白いデータをご紹介しましょう。金融庁によると投資信託保有顧客の半数弱の運用損益率がマイナスだったそうです。[*9]

ところが、同じ期間の日本株・米国株・世界株の株価指数は、保有期間に関係なくすべてがプラスだったそうです。[*10]

投資信託の原材料となる日本株・米国株・世界株がすべてプラスなのに、投資信託の半分がマイナスになる理由は1つしかありません。それが手数料です。

当時金融庁長官だった森信親《もりのぶちか》氏が日本証券アナリスト協会での講演で、つみたてNISAの対象になり得る投資信託が全体の1％しかないと発言されたのですが（2017年4月）、森氏がなぜそんなことをおっしゃったのか、このデータを見るとその理由が見えてきます。

このように、日本の投資信託の大半は手数料が高いものばかりです。また、ファンドラップのようなラップ口座やNISAも、手数料が高い投資信託でできあがっているので、似たりよったりです（つみたてNISAを除く）。

こうして消去法で消していくと、星の数ほどある投資信託の中で、**唯一まともなのは、手数料が低いインデックスファンド**しか残りません。それも正しい買い方をした場合に限られます。確定拠出年金という仕組みを使って購入する方法なのですが、詳しくは第４章でお伝えします。

夫婦１年目のギモン

どのタイミングで積立投資をやるべきか?

アドバイス

教育費は結婚後すぐに、老後資金は働き始めたらすぐ始める

大きな出費が確定するイベントが人生には最低3回あります。出産と退職とマイホーム購入です。

子供が生まれると教育費と養育費の発生が確定します。定年退職すると収入が激減するので、老後資金が必要となります。マイホームを購入すると数千万円のお金が出ていきます。

教育費・住宅費・老後資金は、時間をかけて積み立てなければ間に合わないと、これまでにお伝えしてきました。

では、どのタイミングから積み立てを始めるべきなのか？

若いうちは遊びたい盛りなので、積み立てはできる限り先送りしたいはずです。私自身も若かりし頃は、「若くて元気なうちに思う存分に遊びたい！」と思っていました。

そして、あれから数十年経過して気付いたことがあります。それは年を重ねるほどに、妻と一緒に食事や旅行に出かけて思い出を作りたい気持ちが強くなる一方だということ。遊びたい気持ちの強弱には、年齢は関係なかったのです。

これに対して、**お金に関しては「貯めどき」が存在します。結婚直後から子育て開始までの間**です。

結婚する人と結婚しない人とを比べた場合、一番大きな違いは教育費と保険代です。子供ができれば教育費を避けては通れません。保険に入っていないと、万が一のときに教育費を支払えません。つまり出産を機に、教育費と保険代が家計に重くのしかかることが確定するのです。だから**子供ができるまでのわずかな期間が、余裕を持ってお金を貯められる数少ない貴重なゴールデンタイム**なのです。

ここで大切なことは、結婚直後には真っ先に教育費を意識すること。老後資金が必要になるのは65歳以降ですが、教育費は待ったなしです。財形貯蓄や積立定期預金を活用して、まずは教育費の準備を始めましょう。教育費については、子供の進路が予測できないため、そのときになるまでは必要額がわかりません。とはいえ、お金のかからない国公立に通えるレベルの蓄えは必要です。

仮にすべて国公立で通す場合、幼稚園から高校まで541万円かかります。大学4年間で539万円なので合計で1080万円が必要になる計算です。とはいえ、国公立で授業料がかかるのは高校のみで、しかも3年間で数万円程度です。支出の大半は入学金やテキストなどの教材費、通学費や塾・習い事の月謝など授業料以外の出費なのです。

大学では奨学金が使えるので、最低限必要な教育費は子供1人につき541万円です。高校卒業までの18年間に割り振ると月額2万5000円。2人分なら5万円です。医学部や私立大学に行く場合でも、奨学金をフル活用すれば何とかなります。

なお、児童手当が15年間にわたって支給されます。子供1人につき合計約200万円なので、これをそのまま教育費として積み立てられればいいのですが、ついつい生活費や特別費に使ってしまいます。そこで教育費は、児童手当のことを考えずに、毎月の収入から積み立ててください。財形貯蓄で積み立てて、一定金額貯まったら個人向け国債で運用します。学資保険はあくまでも保険であって、運用効率が低いのでおすすめできません。

老後資金は確定拠出年金での積み立てが鉄板です。超長期にわたって積み立てるので、スタート時点での積立額は最低限の5000円でも構いません。毎年少しずつ積立額を増やしていけば、35年間で2000万円貯められます。

マイホーム購入資金は、購入時期と購入価格次第なので、正しい積立額はわかりません。そこで、たとえば毎月の積立額を「税額＋社会保険料と同額」と決めたなら、そこから教育費と老後資金分を差し引いて、残ったぶんを住宅財形貯蓄で積み立ててください。ボーナスからの財形積立と併用するのが、はやく貯める秘訣です。

前出のように、国税庁によると30〜34歳の男性の平均給与は470万円、25〜29歳の女性の平均給与は326万円なので、若いカップルが共働きのまま結婚すれば約800万円の世帯年収となります。「税額＋社会保険料」と同額を積み立てるとすれば、毎月10万円、ボーナス時20万円で、年間160万円を積み立てられます。

もし子供2人分の教育費として毎月5万円、老後資金として2万円の積み立てから始めたとしたら、残りの3万円をマイホーム資金として積み立てることができます。教育費の積み立ては20年程度で役割を終えるので、その後は全額を老後資金やマイホーム資金にまわせます。また、ボーナス積立も全額マイホーム資金にまわせます。

このように、教育資金は年齢に関係なく結婚直後から貯める必要がありますが、老後資金は結婚に関係なく万人にとって必要です。老後資金を貯める最適な方法は確定拠出年金ですが、節税効果がすごいので早ければ早いほど有利です。就職後すぐに積み立てるのが理想ですが、遅くても35歳までに始められると安心です。

夫婦1年目のギモン

収入を増やすために、転職はありか？　なしか？

アドバイス

スキルを磨いてキャリアアップできるなら、転職したほうがよい

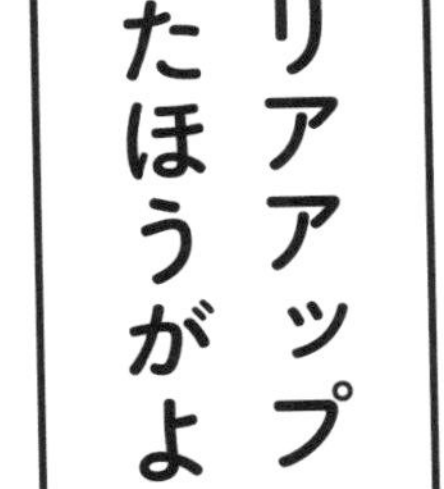

給料が増えるのなら、ご主人が言うように転職は魅力的です。でも今の仕事に「やりがい」を感じられて、かつ「収入」も十分な金額であれば、奥さまが言うようにリスクをおかす必要はありません。

しかし、「収入」と「やりがい」のいずれかが欠けている場合には、欠けている部分を穴埋めしなければなりません。その穴埋めをする方法が、起業と転職と副業（兼業）です。では、どうやって実行すればいいでしょうか？

一番簡単に解決できるケースは、「収入はそこそこだけど、やりがいを感じられない」場合です。やりがいを感じられる趣味などにチャレンジすれば十分だからです。中でも趣

味の延長で副業する方法は一石二鳥です。これについては次の項でお話しします。

次に、「やりがいはあるけど収入が少ない」というケース。この場合はまず、今の仕事を修行と割り切ってスキルを磨いて極めてください。そのうえで、そのスキルを引っさげて転職するか起業しましょう。ただし、起業にはリスクが伴うので、最初は副業として始めることをおすすめします。

最後に両方欠けている場合ですが、このケースが一番やっかいです。やり甲斐のない仕事であれば、スキルを磨く気にもなれません。スキルが備わってないと、転職は現実的に厳しいし、起業もできません。したがって、この場合の選択肢は副業のみとなります。

起業と転職と副業の中で一番やりがいがあって裕福になりやすいのが起業です。一方で失敗する確率も高いので、安定を好む日本人にはマッチしません。だから日本の開業率はずっと5%前後で推移してきました。[*11]

起業と比べれば転職はリスクが低いのですが、過去10年間の転職者比率は起業と同じで、ずっと5％前後でした。[*12] 年功序列の日本社会では転職マーケットも育っていなかったし、転職しても待遇がよくなるとは限らない。そんなリスクをおかして転職をして、新しい職場になじめなかったら悲劇です。だから奥さまのご心配もごもっともです。

しかし最近は、転職サイトや転職エージェントのＣＭがやたらと目につくようになりました。採用する企業側にも、転職したい従業員側にも、それなりのニーズがあるのでしょう。特にＩＴ系や医療系では専門家が恒常的に不足しています。そのような職種では、忠誠心の高い社員よりもスキルが高い社員のほうが大切にされます。

逆に従業員の立ち場から見ると、会社は昔と違って古参の従業員を大切にしなくなったということ。昇給幅も薄くなり、福利厚生も削られてしまいました。

このトレンドは今後さらに加速するので、企業が求めるスキルを本気で磨かないと、従業員として生き残ることさえも難しくなるでしょう。

どうせスキルを磨かざるを得ないなら、その道を極めたほうがいいに決まっています。プロの領域に達すれば会社からも大切にされるし、同業他社からヘッドハンティングされるかもしれない。もっと極めれば起業できるかもしれません。

そして、さらに大切なことは、貢献して喜んでもらうことを意識して働くということです。

たとえば、某大学に勤務されていたKさんは、上司による売上金横領や暴行、サービス残業の強要などに嫌気が差して自己都合にて退職。その後、生活費を捻出するため転職して、パートで働き始めました。

その際にKさんが心がけたのは、お金とは感謝の気持ちなので、喜んでもらえるように貢献すること。その姿勢が社長の目に止まり、たった1か月でパート↓正社員↓幹部↓オーナー相談役と出世していきました。スキルもさることながら、それ以上に大切なのが姿勢・あり方だということがよくわかります。

転職するかしないか、起業するかしないかは、最終的にあなたとご家族の価値観次第です。ただ、スキルとあり方さえ磨いておけば、どっちに転んでも安泰です。

こうして、専門分野と人間力を極められると、あなた自身の人材価値が高まるので、年齢に関係なく、どこかの企業があなたを欲しがります。結果的に生涯現役で過ごすことができて、やりがいを感じながら生活不安も解消できるという一石二鳥が実現します。

夫婦1年目のギモン

副業を始めて収入を増やすべきか？

本業が忙しいので、やる時間がない
ずっと仕事を続けられるか不安だから今から始めたい

アドバイス

これからの時代は副業が必須になる

今の仕事にやりがいを感じられて、かつ収入も十分な金額であれば、副業（兼業）は必要ありません。それよりも、今の仕事に没頭したほうが、あなたとご家族と社会のためになります。

しかし、収入とやりがいのどちらか一つでも欠けていれば、起業か転職か副業を真剣に考えるべきです。中でも副業はオールマイティです。

転職率も起業率も日本は世界最低水準です。しかし、だからといって収入とやりがいを犠牲にするのもつらい。そこで、にわかに脚光を浴び始めたのが副業です。

働き方改革の一環として、政府も副業をあと押ししています。お上《かみ》のお墨付きがあるのですから、副業すること自体は自然な成り行きです。

ところが、副業している会社員は4％にすぎません。[13] 大半の勤務先が副業を禁止しているので、就業規則を破ってまで副業することは難しい。ご主人が言うとおり毎日忙しいし、体力にも限界があります。

そんな悩みを解決できる方法が1つだけあります。それが前出の妻社長メソッドです。趣味や特技を生かして、家族で協力しながら副業を行います。夫や妻だけではなく、親きょうだいや子供も巻き込めるので、役割分担を通じて足りない時間と体力を穴埋めすることができます。

妻社長メソッドは、あくまでも家業を手伝う体裁なので、副業禁止にも違反しません。

妻社長メソッドの恩恵を一番受けるのは女性です。社会や会社の子育てサポート体制が整っていないせいで、女性は職場復帰もままなりません。パートのような非正規雇用では収入も激減するし、やりがいも半減します。

その点、妻社長メソッドは、趣味や特技の延長線上でやりがいのあることを仕事にできるし、パートよりは高い収入が期待できます。家にいながら働けるので、子育てとの両立も簡単です。副業が軌道にのれば、そのまま起業できます。

たとえば、渡邉由季《わたなべゆき》さんは、ご主人と小学生の娘さんの４人で神奈川県に暮らすＯＬです。趣味だったハンドメイドのスキルを活かしてオルゴナイトなどを制作。Amazonや Yahoo!ショッピングなどでのネット販売に成功しました。

また、ご夫婦で協力しながら、中国から輸入した商品のネット販売も行っています。物販の副業を開始してからまだ1年も経っていませんが、月間売上高はすでに30万円を突破するまでになっています。


このように使い勝手のいい妻社長メソッドですが、多くの人が直面するのが、何を副業にすればよいのかわからないという悩み。じつは、これに対する答えも決まっていて、自分や家族の趣味や特技を副業にするのがベストです。

もちろん、趣味や特技を副業のレベルまで持っていくのは簡単ではありません。そこで、すでに実践している人を見つけて、コツを教えてもらうことから始めましょう。

夫婦1年目のギモン

ふるさと納税をしたほうがいい？

節税効果が期待できるうえに、地方の名産品も楽しめるよ
本当に節税になるか不安だし、手続きも面倒かも

アドバイス

やるべきだが、意外な落とし穴も。他の所得控除があるときは注意

ご主人が言うように、ふるさと納税には実質的な節税効果があります。一方で、それなりの手続きが必要なので、奥さまが言うように面倒です。

ふるさと納税の正体は寄付金控除といって、地方公共団体などに寄付をした場合に受けられる所得控除です。寄付した金額から2000円を差し引いた金額が所得から控除されて、その分の税金が減る仕組みです。2000円多く支払ってでも生まれ故郷に貢献したい人が活用してきました。

ところがあるとき、寄付を受けた自治体が、寄付した人に対してお礼の品を贈り始めました。これがきっかけで、ふるさと納税という考え方が世に広まったのです。

単純計算では、1万円寄付すると8000円の所得控除が受けられて実質2000円の負担で済みます。**ふるさと納税の返礼品は寄付額の3割が目安なので、1万円寄付すると3000円前後のお礼がもらえる。差し引き1000円ほど得をする**という計算です。

落とし穴もあります。それは収入と家族構成により、控除される上限額が違ってくるということ。

あくまでも控除なので、他の控除とバッティングします。具体的には、住宅ローン控除や医療費控除、確定拠出年金の所得控除を活用している場合には、上限額が変わってくるので注意が必要です。

いずれにしても、これについては、シミュレーションできるサイトがたくさんあるので、その都度確認してください。

このように元々は寄付金控除なので所得控除を受けるためには確定申告をしなければなりませんでした。ところが2015年の法改正で「ふるさと納税ワンストップ特例制度」

が登場しました。寄付先の地方自治体が5つ以下であれば、確定申告をしなくてもいいという制度です。申請書を出すだけで、翌年度の住民税が減額される仕組みになりました。

ワンストップ特例は、確定申告する必要がある人には使えません。だから適用は、給与所得者や年金所得者等に限定されます。また、給与所得者等であっても確定申告をする場合には使えません。たとえば医療費控除は年末調整できないので必然的に確定申告になります。その場合には原則に戻って、ふるさと納税についても寄付金控除として確定申告しなければなりません。

この点、住宅ローン控除は少し毛色が違います。1年目は確定申告が必要なため、ワンストップ特例制度は使えません。

ところが2年目からは、税務署から届いた「給与所得者の住宅借入金等特別控除申告書」を使って会社で年末調整できるので、確定申告が不要になるのです。したがって、2年目からはワンストップ特例制度が使えます。

手間のかからない方法が使えるようになって、ずいぶん便利になりました。地方の名産品を楽しみながら節税を通じて応援できるのですから、よくできています。

一方で、前半戦で先走りして大量のふるさと納税をした後に、病院代がかさんで医療費控除の金額が膨らんでしまったような場合には、結果的に定価以上で名産品を買うことにもなりかねません。そうならないように、1年間の収入と所得控除の見込み額のバランスを考えながら寄付を続けてください。

以上を基にポイントを整理します。

- **所得税や住民税を支払っている人は、ふるさと納税をしたほうが得になることが多い**
- **やりすぎると損することがあるので、シミュレーションサイトで必ず試算すること**
- **確定申告不要なサラリーマンなどは、便利なワンストップ特例を活用すること**
- **その年の年収と他の所得控除とのバランスを意識しながら寄付を続けること**

この4点さえ気をつければ、ふるさと納税は家計に優しい納税になるはずです。

第4章

老後の備え編

結婚してもしなくても、誰もが必ず老後を迎えます。いつまでも元気でいられればいいのですが、いずれ体力は衰えて働けなくなる。日本人は世界一長生きする国民なので、老後問題は切実です。

そんな老後に最後に頼れるのはお金です。伴侶だって年を取るし、子供には子供の人生があるので、頼りすぎるのも気が引けます。

だから老後のあなたにとっては、お金こそが命綱です。そんな大切な命綱ですが、あなたと伴侶の二人を支えるだけの強度はありますか。具体的にいくらくらい年金がもらえるのか知っていますか。老後資金をいくら準備できると思いますか。万が一のための保険は、どうすればよいのかご存じですか。

そのときになって慌てても間に合わないので、元気な今のうちから少しずつ準備を始めなければなりません。そこで第４章では、あなたと伴侶が安心して老後を迎えられるようにするために、今やるべきことが何なのかを考えていきましょう。

夫婦1年目のギモン

将来、年金はいくらもらえるのか知っている？

アドバイス

日本がある限り何とかなるので心配ご無用

　このまま国が何もしなければ、奥さまが言うとおり年金は半分近くまで減るかもしれません。

　しかし実際には、税金を年金にまわしたり、年金を受け取れる年齢を引き上げたりして、国はそれなりの対応を進めています。年金の仕組みは意外とシンプルなので、このような工夫を続けていく限り、ご主人が言うとおり悲観する必要はないでしょう。

　日本の年金財政が悪化したのは、日本人が急速に長生きするようになったことが最大の原因です。１９７３年時点で年金を受け取れる年齢は男性で60歳でした。その頃の男性の平均寿命は70歳でしたので、年金を受け取れる期間は平均10年くらいでした。

　ところが２０１７年時点の平均寿命は男女平均で84歳まで伸び、年金を受け取れる期間は20年近くになりました。年金受け取り期間が一気に約2倍に伸びたのですから、足りるわけがありません。欧米でも平均寿命の10〜13年前から年金が支給されるのが一般的なので、日本は欧米に比べても年金受け取り期間が約2倍も長いのです。

このように、長寿化のスピードに年金改革がついてこられなかったのが年金財源不足の根本的な原因です。これに少子化が拍車をかけました。

年金が足りなくなった理由は単純なので、不足を補うためには年金を受け取れる年齢を今後も引き上げ続けるしかありません。そうすれば年金破たんを回避できるので、将来の政府は必ずそうすると思います。

そして、これとセットで定年年齢を今後も引き上げていくはずです。長寿化が進むということは、年を取っても働ける人が増えるので、年金支給年齢と定年年齢をセットで引き上げることは自然な流れです。

国は、これまでと同じように収支のバランスを維持し続けるはずなので、年金支給額が極端に減ることはありません。その代わり年金支給開始年齢は引き上げられることになりますが、同時に定年年齢も引き上げられるので、収入面で困る可能性は低い。**日本という国が存続し続ける限り、年金の破たんを心配する必要はない**ということです。

さて、ここまでは一般論ですが、それよりも気になるのが「自分の場合はいくらもらえるのか?」です。

いくら年金をもらえるかは、現役時代にいくら年金掛金を支払うかによって違ってきます。そして、具体的な金額は、日本年金機構の「ねんきんネット」で簡単にわかります。「ねんきんネット」とはインターネットを通じて自分の年金の情報を手軽に確認できるサービスです。このサービスを活用すると、65歳から受け取る場合だけでなく、繰り上げて受け取ったり、繰り下げて受け取ったりする場合など、いろいろなパターンを試算できるので、意外とハマります。

ただし、実際に受け取る年金額については、将来の賃金・物価の水準やマクロ経済スライド（将来世代の年金水準を確保するため、年金額の伸びを自動調整する仕組み）による調整でズレます。とはいえ、おおよそのイメージをつかむことができると思うので、ねんきんネットで試算してみてください。[*14]

いずれにしても、国民年金や厚生年金のような公的年金は、これからも頼りになります。自分たちが年を取る頃にはもらえない可能性があると思って掛金を納めない人もいるそうですが、もったいないことです。なぜなら年金給付金の主な財源は、年金掛金と税金だからです。せっかく税金を納めているのに、年金の掛金を納めなかったがために、納めた税金からもらえるはずの年金受取額が激減しては意味がありません。

そもそもなぜ日本が、毎年借金を10兆円以上も増やし続けて、1000兆円もの借金を抱えているのか、ご存じでしょうか。

それは60兆円の税収のうち12兆円強を年金支給にまわし、12兆円弱を医療費にまわしているからです（2019年度政府予算ベース）。つまり、税金の使い道は年金や医療費などの社会保障がダントツの1位なのです。

それくらい総力をあげて、国が一番力を入れているのが年金。だから、日本がなくならない限り、年金がなくなることはないのです。

夫婦1年目のギモン

老後資金2000万円というが、実際はいくらいる必要？

いざとなったら何とかなるから2000万円なくても大丈夫だよ
年金が減るので3000万円必要かも

アドバイス

ライフスタイルに合わせて工夫すれば大丈夫

老後資金が2000万円不足するというニュースで日本中が騒然となりましたが、あなたはどう思いますか。

もし国が何の対策も取らなければ、確かに奥さまの言うように老後資金は2000万円どころか3000万円必要になります。

しかし、支給年齢の引き上げや税金の流用などで年金の収支バランスを維持すれば、ご主人が言うように何とかなります。

2000万円不足問題がクローズアップされたきっかけは、2019年5月23日付の「人生100年、蓄えは万全？『資産寿命』、国が世代別に指針　細る年金、自助促す」という朝日新聞の報道でした。記事には「年金だけが収入の無職高齢夫婦（夫65歳以上、妻60歳以上）だと、家計収支は平均で月約5万円の赤字。蓄えを取り崩しながら20〜30年生きるとすれば、現状でも1300万〜2千万円が必要になる。長寿化で、こうした蓄えはもっと多く必要になる」と書かれています。

その後、日本経済新聞が「人生100年時代、2000万円が不足　金融庁が報告書」、東京新聞が「人生100年　夫婦老後に2000万円　金融庁、資産形成促す」と追随。テレビのワイドショーなどでも拡散されてネット上でも炎上、日比谷公園でデモが行われるほど大騒ぎになりました。日々の生活費の他に教育やマイホームにもお金がかかるので、老後資金を2000万円貯めるのは確かに大変です。

これらのニュースの情報源は、金融審議会がまとめた「高齢社会における資産形成・管理」というレポートで、私も読んでみました。

読んでわかったことは、このレポートの2000万円のくだりは2017年の総務省の

「家計調査」のデータをそのまま引用したにすぎないということ。家計調査での高齢夫婦無職世帯の平均値は実収入20万9198円／月、実支出26万3718円／月ですので、差し引き5万4520円／月のマイナスです。仮に95歳まで長生きしたら、確かに1962万7200円不足します。

でもよく考えると、もし本当に高齢者の家計が今現在赤字であれば、誰かから借りて穴埋めしなければなりません。

そこで改めて2018年の総務省の「家計調査」を調べたら、別の事実がわかりました。それは、高齢者世帯の平均貯蓄額は2280万円だということ。2280万円もあれば、誰かに借りるまでもありません。だから金融審議会のレポートには、「不足額約5万円が毎月発生する場合には、20年で約1300万円、30年で約2000万円の取り崩しが必要になる」と書かれていたのです。

そもそも高齢者の皆さんが平均2280万円貯めた目的は老後資金として使うためです。だから高齢者は毎月5万4520円取り崩して使っている。2280万円から毎月5万4

520円取り崩すと35年で無くなりますが、35年後の彼らは105歳ですから、十分お釣りが来ます。つまり、老後資金用に貯めた2280万円と年金収入を合計してトータルで考えれば、大幅な黒字になるのです。

せっかく老後資金として貯めたのですから、自分たちの老後生活を豊かにするためにそれを使うのは当たり前です。お金があるのに、年金収入の範囲内だけで生活するのはありえません。

このように、今の高齢者の場合は2000万円以上の老後資金の蓄えがあるから、計画的に5万円を取り崩して老後生活を楽しんでいたにすぎません。それなのに一部のマスコミが、老後は毎月5万円も支出が赤字になるから2000万円も老後資金が不足する、と騒いで私たちの不安をあおりました。2000万円不足するという報道はちょっと勇み足だったように思います。

左派系のマスコミは保守政権の批判を使命としているので、その目的達成のために読者や視聴者の印象を操作するのが上手です。でも、それをうのみにしてバカを見るのは私たちなので注意が必要です。

元ネタの「高齢社会における資産形成・管理」というレポートをダウンロードして確認したので私は事実に気づきましたが、何も見なければ報道にだまされるところでした。何事も、自分の目で見て確認しないと事実を知ることができないのです。

まずは、今現在のあなた自身の生活水準を基準に考えてみてください。今と同じ水準でよければ、毎月の出費から老後に不要な分を差し引いて、老後に必要な分を足せば概算をイメージできます。

結局のところは、あなたがどれくらいの生活水準を希望するのか次第です。ぜいたくを極めて毎月夫婦で海外旅行を楽しみたいなら、お金はいくらあっても足りません。

たとえば収入の2割を貯めている人は、老後には貯める必要はないので支出の2割が減ります。老後は好きな場所に住めるので住宅費も減らせるし、食べる量が減るので食費も減るはずです。子育ても終わって養育費もかかりません。医療費は増えますが、そのために医療保険掛金や健康保険料を支払っているのですから心配いりません。したがって、今現在の支出の7割程度で、今の生活水準を維持することは可能です。

もちろん未来のことはわからないので、ある程度の備えがあったほうが安心です。そこで万が一の備えとして2000万円の蓄えが必要だと仮定してみましょう。その場合でも、次の5パターンのいずれかに当てはまる人については、2000万円まで貯めなくても大丈夫です。

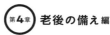

(1) 現役時代の収入が高い人や退職金が多い人

現役時代の収入が多い人は年金掛金も多く支払うので年金の受け取り額も多くなります。そこで、将来の賃金水準を予想できる場合には、前出の「ねんきんネット」でシミュレーションしてみてはいかがでしょうか。企業によっては、人事部や従業員組合が年金受給のモデルパターンを例示していることもあります。

また、日本の多くの企業や役所では退職金制度（企業年金制度を含む）が整っています。特に人事部や従業員組合がしっかりしている企業の場合には、退職金のモデルケースなども従業員向けに公開しています。

このように、現役時代の収入が多い人や、退職金や企業年金を受け取れる企業や役所に勤めている方の場合には、２０００万円の一定部分を補うことができます。

(2) 夫婦共働きを続ける人

夫婦ともに65歳まで正規雇用で共働きを続ける場合には、厚生年金をフルに受給できるので年金月額は29万円です（平均値を単純合算）。高齢夫婦無職世帯の実支出26万３７１８円を上回るので、老後資金を貯めなくても大丈夫です。これに先ほどの退職金や企業年金が加われば、夫婦で旅行を楽しみながら、余生を送ることができます。

(3) 物価が安い地域に移り住む人

総務省の家計調査は、あくまでも平均値です。物価の高い地域と安い地域をひとくくりにしているので、全国一律で毎月26万３７１８円が必要なわけではありません。物価の安い地域に住めば、毎月の生活費は20万円でも大丈夫かもしれません。２０１８年の「小売物価統計調査（構造編）」によると、福岡、群馬、鹿児島、宮崎などは消費者物価が低いそうです。あなたが現役を引退する頃も同じかどうかはわかりませんが、このような物価が安い地域でお気に入りの街を見つけて引っ越せば、生活費は安く済みます。老後は現役時代と違って通勤の便は関係ないし、のどかな地方のほうが生活しやすいと思います。庭付きの家に住んで家庭菜園を楽しめば、食費も多少は浮くでしょう。

(4) ライフワークを見つけた人

現役時代にライフワークを見つけて、毎月5万円程度、おこづかい稼ぎができれば、毎月の赤字を解消できるので蓄えは不要です。鍵を握るのは趣味や特技です。何十年も生きていれば、誰だって1つくらいは趣味や特技があるはずです。今現在なくても、意識して探し続ければ現役時代に1つくらいは見つかります。それを極めれば、誰かに教えてあげられるレベルに達します。教えると喜んでもらえるし、仲間も増える。そして、それが稼ぎにもつながるのです。私の周りにもそんな人が大勢いるのですが、皆さん生き生きとしています。

(5) 65歳以降も働き続ける人

健康年齢も長寿化しているので、今70歳の人は昔の50歳と同じです。たとえばサザエさんに登場する磯野波平さんの年齢は54歳ですが、私には70歳のおじいちゃんに見えます。アニメで描かれた1950年当時の日本では、男性の平均寿命は58歳でした。平均寿命まであと4年しかないのに、54歳の波平さんは働いていました。同じように考えれば、平均寿命が81歳の現代男性の多くは70歳くらいまでは元気に働けるはずです。ちなみに、年金を70歳から繰り下げ受給すれば、65歳受給より約1・4倍も多くもらえます。

このように考えると、私たちは老後を勘違いしていたのかもしれません。日本では定年後の人生を老後と呼んでいます。そして、老後だからと、65歳で働くことをやめてしまう。だから暇を持て余すし、お金が足りなくなるのです。その点、アメリカには定年がないので、老後もありません。

そもそも老後とは本来、加齢により体の自由が利かなくなり、働けなくなった後の人生のこと。だから老後は、年齢で決まるわけがない。健康寿命が伸びているので、70歳や80

2000万円なくても大丈夫な世帯5選

現役時代の収入が高い人や退職金が多い人

現役時代の収入が高い人は年金掛金も多く支払うので年金の受け取り額も多くなる。退職金か企業年金がある人も大丈夫

夫婦共働きを続ける人

厚生年金をフルに受給できるので年金月額は合算で平均29万円

物価が安い地域に移り住む人

物価が安い地域でお気に入りの街を見つけて引っ越せば、生活費は安く済む

ライフワークを見つけた人

毎月5万円程度のおこづかい稼ぎができるようにしておけば、毎月の赤字を解消できる

65歳以降も働き続ける人

70歳くらいまでは元気に働けるはず。年金を70歳から繰下げ受給すれば、年金額は約1.4倍に

老後=リタイアと考えずに、蓄えがなくても何とかできる

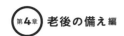

歳でも現役を続けられる人は大勢います。

働けるうちはまだ老後ではないので、楽しみながら働いたほうが、心と体と財布の健康にいいに決まっています。

しかし一方で、多くの職場では65歳以降は雇ってくれません。そこでおすすめしたいのが、人生の二毛作です。

二毛作とは同じ畑で1年間に2種類の農作物を育てる農業のことですが、人生でも同じです。人生というあなたの畑で、一生の間に2種類の生き方をする。人生の前半で会社員として雇われた人は、後半は自立して自分の生き方をまっとうしてみてはいかがでしょうか。

これまでは人生一度きりというのが世の中の常識でした。織田信長は敦盛《あつもり》で「人間50年」と舞いましたが、日本人の平均寿命が50歳を超えたのは1947年ですから、つい最近のことです。50歳であれば確かに人生は一度きりです。

でも今は「人間100年」の時代です。交通と通信とITが発達したおかげで、昔の人が一生かけて成し遂げたことを1日で成し遂げられる。それくらい恵まれているのだから、１００年も時間があれば、人生を２度体験することくらいは朝飯前です。

ですから、人生の前半と後半で生き方を変えてみましょう。前半を会社員として生きてきたのなら、50歳前後でプチ起業し、後半生は本当にやりたいことを仕事にする。人生を２度楽しめてお得です。

私も前半を銀行員として雇われる側で過ごしましたが、50歳で起業して、第二の人生を楽しんでいます。

もちろん起業にはリスクが伴います。50歳で借金を背負って自己破産するのはしゃれにもなりません。

そこで自分がやりたかったことを副業化して、現役時代に予行演習するのです。副業で小さく始めれば、万が一うまくいかなくても簡単にやり直せます。妻社長メソッドを使えば、副業禁止の会社や役所に勤めていても、実質的に副業にチャレンジすることができる。

リスクを負わずに新たなチャレンジができて、新しい人生を楽しめるのですから、やらない手はありません。

このようにライフスタイルを工夫すれば、２０００万円なくても大丈夫です。バリエーションはさまざまなので、あなたに一番合った方法を探してみましょう。

夫婦1年目のギモン

もちろん、確定拠出年金に加入したほうがいい?

老後の生活を
エンジョイするために
確定拠出年金で貯めよう
公的年金だけでは
足りないので
確定拠出年金は絶対に必要

アドバイス

確定拠出年金は仕組みが優れているので、ぜひ活用してほしい

生涯現役で働いたり、夫婦共働きを続けたり、人生二毛作にチャレンジする。老後資金を確保する方法はいくらでもあります。

しかし一方で、未来は予測できないので、想定外のことが起こる可能性もある。奥さまが言うとおり、公的年金だけでは不安です。

ですから転ばぬ先のつえとして、確定拠出年金を活用するのは正解です。万が一が起きなければ、ご主人が言うように確定拠出年金で老後生活をエンジョイできるので、一石二鳥です。

個人型確定拠出年金「iDeCo（イデコ）」とは、目いっぱい節税できる自分年金のことです。20歳から59歳までの方なら、自営業者も会社員も公務員も主婦も学生も、誰でも使

えます。毎月5000円以上を強制的に積み立てながら、10年以上にわたって複利で分散投資することができます。

具体的には、次の3種類の節税が保証されているので、現在日本にある資産運用の中では「ほぼ完璧」といっていい仕組みに仕上がっています。

- **積立額は経費とみなされて、所得税と住民税が少なくなる**
- **利息や配当金などには税金がかからない**
- **受け取り時には、退職所得控除や公的年金等控除が適用されて税金が減る**

特にすごいのは、積み立てた金額がすべて損金扱い（経費や費用という意味）になって所得税と住民税が減ることです。あくまでも自分名義の積み立てなので本当は損をしないのですが、税金の計算上は損をしたことにしてもらえるのです。

たとえば、課税所得350万円の方は所得税20%・住民税10%ですので、毎月5000

円積み立てると、年間積立額6万円×30％＝1万8000円の節税になります。節税できた1万8000円分（1500円×12か月）は、翌年そっくりそのまま積み立てましょう。確定拠出年金は1000円単位なので、1500円に500円を足した毎月2000円を追加で積み立てるのです。

すると、年間積立額が8万4000円（7000円×12か月）になり、2万5200円の節税になります。こうして節税できた分を翌年の積み立てに回すことで、雪だるまのように積立額が膨らんでいきます。

さらに、積み立てている間のもうけにも税金がかからないし、将来受け取るときにも税金が減る。税制面でのこの待遇は過去に例を見ない破格の優遇です。だから確定拠出年金を活用する人とまったく積み立てしない人との間では2000万円もの差がつく。これだけ税金が優遇される制度は、他にはありません。

では、なぜ国が、ここまで破格の優遇を始めたのか、その理由をご存じでしょうか。

答えは「落とし前」です。

本当は国が責任を持って年金を支給するはずでしたが、年金財政が苦しくなり、国はその責任の一部を放棄せざるを得なくなりました。そこで、お金は出せないが、これまでの年金と同じように税金面での優遇だけはするから、自分のお金を使って自己責任で積み立てなさい、となったのです。

このような背景がなければ、本来はありえないような優遇策なのですから、その権利を放棄するなんてもったいない。60歳以上かつ10年以上続けないと資産を取り崩せない制約はありますが、公的年金の代わりに用意された以上、当然です。

一方でデメリットもあるので注意が必要です。積み立て方によっては「積み立てたはずのお金が減ってしまう」可能性があるからです。節税できても、積み立てたお金が文字通り「損金」になって消えてしまっては、笑い話にもなりません。そこで次項で、もう少しくわしく見ていきましょう。

5000円を老後のために貯めるならどうする？

5000円を毎月貯金する人

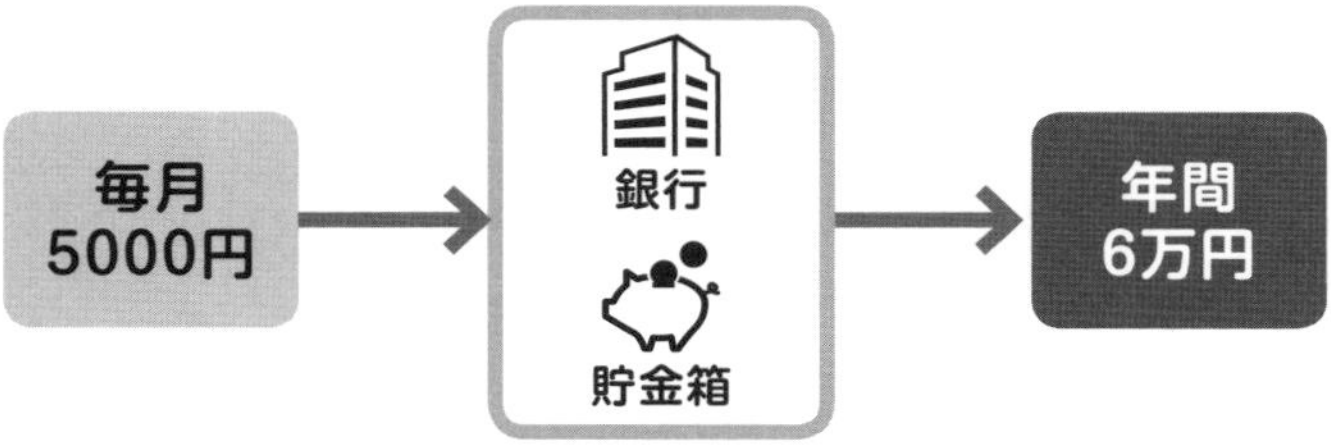

たとえ銀行に預けたとしてもたいした利子はつかない

5000円を確定拠出年金に使う人

＊課税所得350万円の人の場合

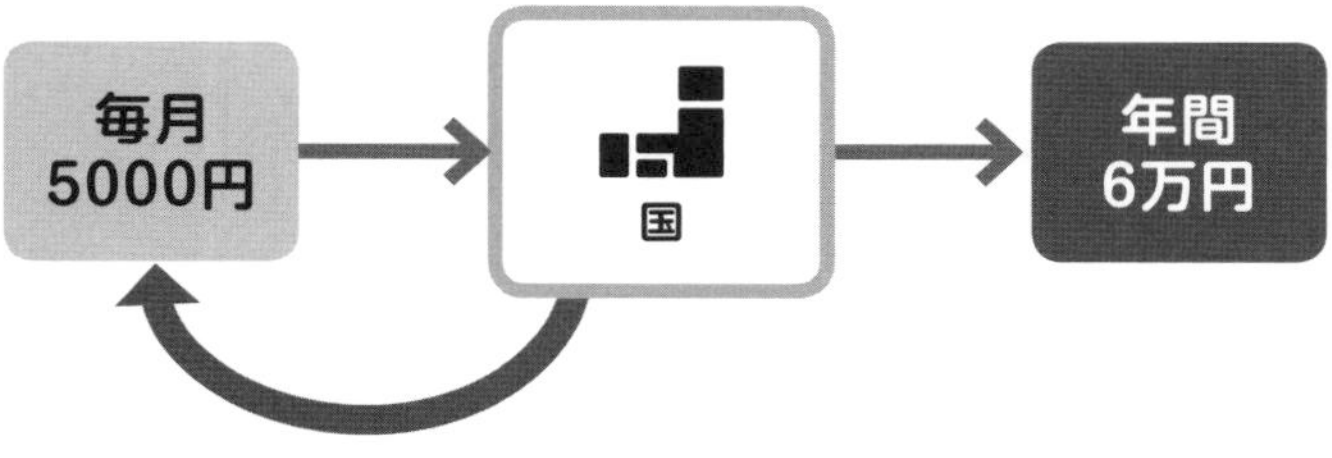

1万8000円分の税金が還付される!

**これだけ税金が優遇される制度は、
他にはないので、上手に活用してほしい**

夫婦１年目のギモン

確定拠出年金に加入するなら、ネット証券？　街中の銀行？

売り込みをされない
ネット証券のほうが気楽だね
窓口で相談できる
銀行のほうが安心かな

アドバイス

ネット証券が圧倒的にコストが低く、良心的な商品が多い

確定拠出年金は老後資金準備のための最適な手段の1つでした。そして、確定拠出年金で積み立てるためには、銀行か証券会社、保険会社といった金融機関で口座を開かなければなりません。

しかも、口座を開いた金融機関で取り扱っている金融商品でしか積み立てられません。銀行や証券会社に払う手数料もピンキリです。申し込む金融機関を間違えると手数料ばかりかかるので、慎重に選ばなければなりません。

そこで具体的に、どんな金融機関と付き合うのがいいのか、確定拠出年金にフォーカスしながら考えていきましょう。

銀行も証券会社も昔は街中にお店を構えるのが当たり前でしたが、最近はネット銀行や

ネット証券がずいぶんと増えました。それだけに、街中の金融機関とネット上の金融機関のどっちがいいのか、あるいは、銀行と証券会社のどっちがいいのか、とても迷います。

まず最初に、結論からお話ししますと、**ネット金融機関に軍配が上がります。**

奥さまが言うようにフェイス・トゥ・フェイスのほうがなんとなく安心ですが、リアル店舗の金融機関は一等地にあるので、お店を維持する費用も膨大です。場所代と人件費をカバーしないと赤字になるので、窓口では手数料が高い商品を販売せざるを得ません。

これに対し、ネット銀行やネット証券では一等地に店舗を構える必要もないし、人件費もほとんどかかりません。商品の選択や申し込みはパソコンやスマホの画面を見ながら自分で判断できるので、ご主人が言うように売り込みをかけられることもありません。

次に「銀行と証券会社ではどっちがいいのか?」については、資産を運用する場合に限っていえば、銀行も証券会社もほとんど同じです。なぜなら今の銀行はすべて証券会社化しているからです。

銀行の専売特許は元本保証の定期預金でしたが、それも今となっては昔の話。小数点以下の利率の定期預金には誰も魅力を感じません。

これは銀行側も同じで、利ざやを稼げない定期預金には興味がありません。そこで銀行が目をつけたのが投資信託と保険でした。証券会社が扱っている投資信託や、保険会社が扱っている保険を銀行の顧客に売ればもうかります。

こうして銀行の主力商品は、元本保証で安全な定期預金から、顧客にとってはリスクが高いけど銀行にとっては手数料を稼げる投資信託や保険へとシフトしました。だから銀行は、私たち顧客にとっては、もはや証券会社と何ら変わりがありません。

では具体的に、何を目安に資産の運用先を選べばいいのか。一番重要なことは顧客目線の商品がそろえてあるかどうかです。

顧客目線の商品とは、私たちにとって資産を増やせる可能性が高い商品です。具体的には、「手数料の低いファンドを」「複数組み合わせて」「複利で運用できること」。この3つの条件がそろうとお金が増えやすくなります（「お金の定理」）。

そこで**金融機関を選ぶ際には必ず、信託報酬という手数料が低いインデックスファンドをそろえた金融機関を選んでください。**インデックスファンドとは、日経平均株価などの指標と似た動きをするように作られた投資信託です。日本株式と世界株式、先進国債権の3種類のインデックスファンドに分散すれば十分です。

これらのインデックスファンドは信託報酬0・2％以下で購入できます。確定拠出年金は時間の経過とともに資産額が膨れ上がるので、0・1％の違いが後々の運命を大きく左右します。

そのうえで2番目に大切になるのが確定拠出年金の口座手数料です。良心的な金融機関では、国民年金基金連合会に支払う加入時手数料2829円と口座管理手数料171円／

月以外には手数料がかかりません。

なお、会社員の方で企業型の確定拠出年金に入る場合には、会社が契約している金融機関を選ばざるを得ません。その際やっかいなのが、金融機関との力関係によっては、信託報酬の高い投資信託しかそろっていない可能性がある点です。くれぐれも信託報酬が0・2％以上の投資信託を選ばないよう気をつけましょう。

夫婦1年目のギモン

医療保険には入ったほうがいいのか?

アドバイス

健康保険だけでは足りないので、終身払いの医療保険に入る

ご主人が言うとおり、日本の健康保険は世界トップクラスです。すべての国民が健康保険の対象になっていて（国民皆保険）、好きな病院で診療を受けられて（フリーアクセス）、自己負担の限度額を超えたら後で払い戻される（高額療養費制度）。そんな国は、日本以外では福祉先進国のスウェーデンくらいです。

これくらい至れり尽くせりなので、１９７０年に2兆円だった社会保障給付費（医療）は２０００年に26兆円になり、２０１７年に39兆円まで膨らみました。国の家計のことを歳入歳出と呼びますが、歳出の中で一番大きいのは「社会保障費」です。その中でも最大なのが「年金」で次が「医療費」です。そこで、少しでも財政赤字を減らすために、医療費の自己負担率を１９９７年に１割から2割へ、２００３年には3割に引き上げました。

２０２５年には54兆円になる予想ですが、高齢化の進展とともにもっと増えると思います。私たちが高齢者になる頃には、さらに自己負担率も上がっているはずです。

医療費の自己負担率が上がり続ける現実を見ると、奥さまが言うように医療保険（入院保険）に加入しておいたほうが安心です。そして、どうせ入るなら、まだ健康で掛金が圧倒的に低い若いうちのほうが有利です。

その際、60歳までに保険料を全額支払い終える「有期払い」よりも、**保険料をずっと払い続ける「終身払い」のほうがお得**です。医療保険ほど日進月歩の保険はありません。医学の進歩には目を見張るものがありますが、それと歩調を合わせるように医療保険も進化しています。

たとえば、２０００年頃の医療保険は約80種類の手術にしか対応していませんでしたが、いまの医療保険は１０００種類の手術に対応しています。

また、１９９０年頃の医療保険は入院して８日目からでないと保険金をもらえませんでしたが、今は日帰り入院からもらえます。
保険金をもらえるトータルの入院日数も120日まででしたが、今は数百日以上が当たり前で、保険会社によっては2000日以上もらえます。

こんなに至れり尽くせりなのに、月額の掛金は35歳の男性を例にとると、15年前の約7000円に対して、今や半額の約3500円まで下がっているのです。たとえるなら、性能は飛躍的に伸びているのに価格はどんどん下がり続けるパソコンや携帯電話のようなものです。パソコンやスマホは2~5年に1度のペースで買い換えますが、医療保険も同じように数年に一度は見直しましょう。

さてここで、医療保険に加入するときに大切なポイントを押さえておきましょう。

〈ポイントその1〉
入院食やもろもろの費用を合わせると、入院費用は1日5000円では足りないので、日額1万円もらえるコースに入ってください。

〈ポイントその2〉

入院給付金をもらえる日数は、120日型にしてください。なぜなら、60日でも120日でも掛金は大きく変わらないからです。入院日数の統計上は確かに60日以下が多いのですが、それは病気が治っているからではありません。診療報酬が下がると困る病院が患者を追い出しているだけです。60日型に人気があるのは、加入者にそんな事情がわからないからです。

〈ポイントその3〉

妻の給付金額は夫の給付金額以上にすること。なぜなら、妻が専業主婦のサラリーマン家庭で妻が入院すると、外食が増えて支出が増えるからです。共働きでも同様です。数週間程度の入院でしたら収入が変わらない会社が大半ですので、夫が入院しても家計の支出は変わりません（専業主夫の場合はこの限りにあらず）。

〈ポイントその4〉

60歳までに保険料を全額支払い終える有期払いではなく、保険料をずっと払い続ける終身払いにすること。なぜなら、どんどん保険料が下がり続けているからです。保障内容が同じ保険を比べると、今は15年前と比べて3分の1で入れます。

以上のポイントを確認しておけば、まず間違いはないでしょう。

夫婦1年目のギモン

生命保険と共済保険は、どっちが得なの？

アドバイス

こども共済はよくできているが、カタカナ（ひらがな）保険がベスト

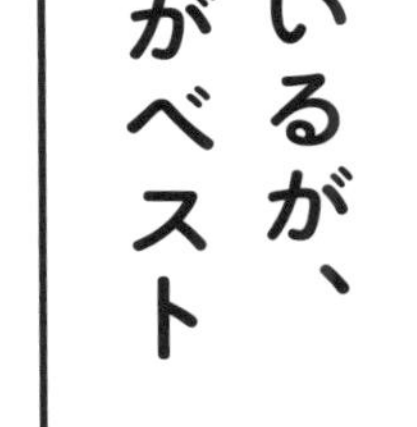

ご主人が言うように、一部の方を除いて、**カタカナ（ひらがな）保険が無難**です。特に45歳以下の人はこくみん共済や都道府県民共済のような共済保険に入ってはいけません。なぜなら、ドンブリ勘定だからです。

世の中にあるすべての保険は、お互いにかばい合う「相互扶助」という助け合いの理念と、「大数の法則」でできています。

「大数の法則」とは確率です。過去のデータから、若い人や健康な人は病気になりにくいけど、そうでない人は病気になりやすいことがわかっています。だから普通は、若い人や健康な人の保険料は安くなり、そうでない人の保険料は高くなります。

しかし、共済保険は若い人も熟年層もひとくくりにして、年収や職業も考慮しません。タバコを吸う人は病気になりやすく寿命も10年短いのですが、それでも同じドンブリに入ります。年齢の高い人や不健康な生活をしている人には優しい保険ですが、それ以外の人にとっては掛け損です。

したがって、あなたが45歳以下の場合やタバコを吸わない場合には、共済保険はやめておきましょう。

この点、生命保険で最も優れているのは、アメリカや台湾など海外の保険です。しかし残念ながら現地に行かなければ入れないし、いろいろな事情があって少々ハードルがあがります。そのため大半の日本人は、国内の生命保険でカバーするしかないのですが、その場合でも保険会社によってピンきりです。偶然の一致なのですが、「カタカナ」か「ひらがな」の社名の生命保険会社の商品のいくつかは、顧客目線で設計されています。

とはいえ生命保険は、日本人の場合には大きな支出ですので、とにかく慎重に選んでください。

なお、こども共済については、非常によくできているのでおすすめです。都道府県民共済のこども型の月額は1000円ですが、2018年度の都民共済の割戻率は22・88%でしたので、実質月額は800円です。その800円で、1日目からの入院・死亡・ガラスを割ってしまったときなどの相手への賠償・手術・先進医療等々がまかなえるのです。

また、子供の入院・通院で仕事を休むことはよくあるので意外と重宝します。民間の保険で組み合わせて同じものをつくろうと思ったら2000円はかかりますので、そのすごさがわかります。

夫婦1年目のギモン

貯蓄型保険に入れば、お金は増えるのか？

保険会社は運用のプロではないし、増えないと思う
貯蓄型という名前だから増えるんじゃない？

アドバイス

あまり増えないので確定拠出年金等の純粋な積み立てを増やしましょう

生命保険会社の保険を大きく分けると、「死亡保険」「医療保険」「貯蓄型保険」の3種類があります。「死亡保険」と「医療保険」は万が一のために備える商品で、保険会社が元々得意としている分野の商品です。

これに対して「貯蓄型保険」は、万が一に備えながらも、同時に貯蓄性を重視した商品です。具体的には、終身保険と養老保険、個人年金保険などのことを貯蓄型保険と呼びます。終身保険には、平準払終身保険や低解約返戻金型終身保険、変額保険などがあります。また、学資保険は養老保険の一種です。

保険会社に運用力があるのであれば、貯蓄型保険も魅力的ですが、日本の保険会社の運用力は知れています。

私たち日本人が一番用心すべき「長生きするリスク」に備えるのであれば、生命保険会社の貯蓄型保険に入ってはいけません。また、すでに加入している場合は1995年以降（予定利率1・75％以下）のものでしたら中途解約することをおすすめします。

保険は万が一のために備える商品ですから、「貯蓄型」自体が矛盾しています。もし、将来のために貯めるのなら、前項でお話しした確定拠出年金で十分です。それ以外でお金が増える可能性が高い運用法は、日本国内では国債と小規模企業共済とセーフティー共済しかありません。

日本の生命保険会社の貯蓄型保険は元々日本国債で運用しています。したがって、貯蓄型保険に入るなら国債を買ったほうがましです。死亡保険金1000万円の場合の保険料は、平成1桁台のときは300万円でしたが、2017年4月以降は1000万円を超える保険会社も出てきました。かえって損をしてしまうのです。

貯蓄型保険の一種「変額保険」は、保険会社版の投資信託ですが、おすすめできるものがあまりありません。なぜなら、変額保険は手数料の塊だからです。主として、海外で作られたファンドを輸入して、余計な加工を施しただけなのに、抜かれる中間流通マージンだけは一人前です。

日本特有の異常なこの仕組みのことを、私は「８６３０の法則」と呼んでいます。海外で作られたときには収益率８％の優良な商品なのに、日本に輸入されて流通するうちに、６％、３％と収益率が下がり、私たちが買う段階では０％になるのです。

整理すると、**入ってもいい保険は王道の保険、つまりひらがな（カタカナ）生保の死亡保険と医療保険のみ**ということ。間違っても貯蓄型保険に入ってはいけません。貯蓄が目的であれば、確定拠出年金のような純粋に貯蓄目的の積み立てを行いましょう。

夫婦1年目のギモン

年金は繰り下げ受給がお得って本当か?

アドバイス

働ける間は繰り下げて、働けなくなったら受給する

読者の皆さんには、まだだいぶ先の話だと思いますが、気になる話題の一つですね。もし損得で考えるなら、ご主人も奥さまも正解です。76歳8か月までに死亡する場合には、65歳で受け取るよりも、繰り上げて60歳から受け取ったほうが得をします。日本人男性の平均寿命は81・09歳ですが（２０１７年）、タバコを吸う人は10年早死にするので、確率からいうと60歳で受け取ったほうがお得です。

逆に81歳10か月よりも長生きするなら、繰り下げて70歳から受け取ったほうが得をします。女性の平均寿命は87・26歳ですので（２０１７年）、70歳から受け取ったほうが得をする確率が高くなります。

ちなみに、60歳繰り上げの減額率は30％、70歳繰り下げ時の増額率は42％ですので、受

け取れる年金額は2倍違います。そして、支給開始時に確定した金額は一生変わりません。

このように損得で判断する方法にも一理あるのですが、年金を損得で考えると人生に失敗します。なぜなら**年金の最大の目的は「得をすること」ではなく、「働けない状態で長生きするリスクをカバーすること」にある**からです。

もしあなたが、65歳になった時点で心身ともに老いぼれて、まったく働けなくなっていたら収入が途絶えます。その場合には年金に頼らざるを得ないのは当然です。

しかし、65歳になっても元気いっぱいで、大好きなライフワークを仕事にできて、かつ、人さまに喜ばれながら収入を得られたらどうでしょうか。そのほうが毎日充実していてワクワクし、仕事を楽しみながら続けるのではないでしょうか。

このように、65歳時点でも元気に働き続けることができるなら、あえて年金を受け取る必要はありません。収入は十分にあるので生活には困らないし、下手に年金を受け取れば所得税と住民税が増えるだけです。

そして70歳になってこれ以上働けない、となったときにリタイアして年金を受け取ればいいのです。そうすれば、年金の受取額は65歳から受け取る場合に比べて約1・4倍に。好きなだけぜいたくな暮らしができますし、100歳以上まで生きたとしても安心です。

70歳まで元気に楽しく働いて、リタイアした翌年にピンピンコロリと逝ったとしても、充実した一生を送れたわけですから、悔いのない人生です。年金はあくまでも「働けない状態で長生きするリスク」をカバーする保険なので、寝たきりで長生きする状態にならないだけラッキーです。

ちなみに、多くの人が若くしてリタイアして遊ぶことに憧れますが、正直言っておすすめできません。なぜならリタイアして仕事をやめた人の多くはヒマを持て余して、生きがいをなくしてしまうからです。部屋にいてテレビばかり見ても仕方ないし、早い時間からお酒を飲んだくれていたら生活が乱れて健康を損ないます。友達は皆一生懸命に働いているので、あなたに付き合って遊ぶ時間はありません。

だから働けるうちは、楽しみながら働きましょう。そのほうが生きがいがあるし、喜ばれるし、お金ももらえるし、ボケないし、健康も維持できるので、一石五鳥です。

夫婦1年目のギモン

高齢者でも賃貸物件を借りられるかな?

アドバイス

人口が減り続けるので、住む場所の心配は不要

奥さまが言うように、確かにマイホームがあると安心です。しかし、日本は災害大国なので、持ち家は常に自然災害のリスクにさらされます。火事は保険でカバーできますが、地震の場合には限界があります。運良く災害に見舞われなくても、老朽化は避けられないので修繕費はかかります。マイホームを持ったら持ったで別の心配事が生まれるのです。

その点借家では、修繕はすべて大家さんがやってくれるし、万が一被災しても借家人は引っ越せば解決します。日本には借地借家法という社会主義的な法律があって、借家人は追い出される心配もありません。

もちろん民間のアパートでは高齢者の受け入れを嫌がります。ただここまで高齢化が進

むと、高齢者をターゲットにした大家業が商売として成り立ち、サービス付き高齢者向け住宅や高齢者専用賃貸住宅が続々と供給され始めました。

高齢者専用ではありませんが、意外と使い勝手がいいのがURです。URとは独立行政法人都市再生機構のことで、昔の日本住宅公団です。家賃は民間のマンションと同じレベルですが、礼金も更新料も仲介手数料もかからない良心的なサービス体系になっています。特に高齢者や障がい者向けの賃貸住宅が充実していて、共用部分も室内も広くてバリアフリーです。

また、空き家問題の解決策として始まった「空き家バンク」は、全国の地方自治体が中心になって進められているので、とても安心です。

もちろん、自分たち用にカスタマイズしたい場合や気に入った家が見つかった場合は買ったほうがいいと思います。余生を賃貸で過ごすのか、持ち家で過ごすのかも最終的には価値観の問題です。どちらかが正しいわけではありません。

いずれにしても、どっちに転んでもいいように準備しておきましょう。子供が独立してライフスタイルが安定する65歳頃になってから慌てていては間に合いません。だからこそ現役時代の積み立てが大切です。三大支出６６００万円のために税金＋社会保険料と同額か収入の2割を積み立てる必要があるとお話ししましたが、そのうちの住宅費分の３６０0万円がこの段階で生きてきます。

マイホーム購入価格の平均値は３６００万円なので、計画通り貯められていれば安心です。万が一足りなくても、住む地域次第で調整できますし、老夫婦二人であれば１ＬＤＫで十分なので３６００万円も必要ないかもしれません。また、もし賃貸に入るとしても３６００万円あれば１００歳くらいまでの家賃をある程度まかなえるので安心です。

夫婦1年目のギモン

老後は子供に頼ったほうがいいか？

アドバイス

老後はプロ（介護士等）に任せよう

アジア諸国の儒教的な考え方では、親を大切にして親のために尽くして年老いた親の面倒を見ることが当たり前です。儒教の影響を受けた日本にもそのような考え方が残っています。

しかし今の日本は核家族化が進んでいますし、少子高齢化に伴って介護の仕組みも整い始めています。奥さまが言うように子供に面倒を見てもらうのは安心かもしれませんが、子供には子供の人生があります。

人間に限らず、すべての生物は自立が基本です。生きるとはすなわち自立すること。子供の世話になる生き物は、人間以外には存在しません。自分がこしらえた財産と介護制度

を組み合わせれば、何とかなります。

そもそも人生はペイフォワード（先送り）が原則です。親から施された恩義は、親に返すのではなく、子供に先送りすればよい。親から子へ、子から孫へと先送りしていく。

老後も同じです。

子供を育てて世話しても、子供の世話にはならない。甘やかさないし甘えない。子供には世話にならず、余生は自分たちでなんとかする。その代わり、財産は自分たちの代で使い切ることです。

ちなみに財産は、相続財産として残すよりも、社会に貢献する能力と考え方を残すほうが子供のためになります。

お金はなくなる危険がありますが、身についた能力はなくなりません。財産の自由と居住の自由を脅かされてきたユダヤ人は、自分の脳みそを財産に変えましたが、それと同じ発想です。そのほうが、子供のためになるし、よりよい未来をつくれるし、相続税の心配もいらない。お金を残しても、その財産に頼って失うだけかもしれないので、必ずしも子供のためになりません。だからお金は残すものではなく、使うものなのです。

遠い遠い、想像すらできない未来の話になってしまいますが、あなたがこの世を去るときに、家族や友人たちからどんな人だと言ってほしいですか。

お金を大切にして自分では使わずに、子供たちに残した節約家だと言われたいですか。それとも、家族を大切にして、世の中に貢献して、みんなから愛された人だと言われたいですか。

お金とは感謝の気持ちを数値化したものなので、あなたが将来手にするお金は、社会や人さまから喜ばれた証し、勲章です。だから、その大切さを一番身にしみて実感できるのは、未来のあなた以外にはいない。つまり、生きたお金としてそれを正しく使えるのも、未来のあなただけだということ。

だからこそ残すのではなく、自分や家族のため、自分が信じる大切なことのために使ってください。

お金は感謝の気持ちですから、あなたが感謝することのため、ためらわずに使うべきなのです。

感謝されてお金を受け取った人がまた、次の人へと感謝の気持ちをペイフォワードします。

こうしてあなたの思いが未来永劫《えいごう》に感謝の連鎖を生み出すのです。

おわりに

夫婦生活も人生も、「ざっくり見える化」できるかどうかが天国と地獄の分かれ目です。何も見えないと不安になるし、本当のところがわからなくなって判断を誤ります。お互いに疑心暗鬼にも陥るし、そこから誤解が生まれて亀裂が入る。

でも、「ざっくり見える化」すれば、正しく判断でき、誤解が生じる余地もありません。

もちろん、夫婦にもプライバシーはあるので、見え過ぎも困ります。大事なところは程よく共有しつつ、適度に「遊び」があったほうが、肩もこりません。夫婦円満の秘訣は、そんな適度な間合いに隠れているのだと思います。

本書は、夫婦にフォーカスしたお金の教科書です。そして、お金と末永く仲良く付き合うコツが「ざっくり見える家計術」に凝縮されています。

お金に限らず、夫婦関係も親子関係も、細部までは見えないけれど、ざっくり見えるくらいが心地よい。だから、まずは「ざっくり見える家計術」を実践しながら、適度な間合いを体感してください。お金を通してつかんだ心地よい距離感は、お金以外の家族の間合いにも応用できます。

本書では、「お金の絆」に注目して秘訣をお伝えしましたが、残りの2つの「心の絆」「体の絆」も大切です。特に「心の絆」は、その強さと太さが家庭の雰囲気を左右します。そこで最後に、心の絆を太く維持し続ける秘訣を2つ、ご紹介しましょう。

1つ目は、将来の夢を「見える化」して夫婦で共有すること。家計ルールのテンプレートを私の公式ホームページからダウンロードし、一緒に書き込んでください。

2つ目は、わが家の慣行・文化・伝統を少しずつ積み重ねていくことです。難しく考える必要はありません。たとえば、朝起きたら、おはようのハグをする。出かけるときは、いってらっしゃいのキスをする。一緒に外出するときは手をつなぐ。どんなに忙しくても、たとえけんかをしていても、この習慣だけは守る……など、ささいなことで構いません。

私たち夫婦の場合も、そんなささいな習慣をたくさん積み上げてきました。そしてそれが安心感につながってきました。だからおじさんとおばさんになってもラブラブです。

これらに加えて1つだけ、大きな伝統を作りました。それは結婚記念日には必ず一緒に旅をするということ。恒例行事化して新婚旅行感覚で楽しむと、意外なほどに新鮮です。この原稿も、結婚記念日のお祝いを兼ねた旅先にて執筆しています。もちろん毎年旅行に行くのは大変ですので、記念日にプレゼント交換して共に祝い合うのでも構いませんし、家族で食事に出かけるのでもよいでしょう。

何でも構わないので、何か1つ家族の恒例行事を作ってみてください。1つでも家族の恒例行事があれば、1年ごとに心の絆が年輪のように層を重ねて厚くなり、強靭さを増していきます。

こうして、お金と心の絆を太く強くしていけば、年老いて体の絆が弱まっても、二人の絆は安泰です。あなたにもぜひ、そんな穏やかで幸せな家庭を築きあげてほしい。「お金を通して家族の幸せを実現する」ことが私の使命なので、本書がそのお役に立てれば幸いです。

2020年3月

坂下仁

参考文献

はじめに

＊1 『なぜ、この人たちは金持ちになったのか』(トーマス・J・スタンリー著、広瀬順弘訳、日本経済新聞出版社)

＊2 「夫の年収と離婚率は関係あり？離婚経験者に聞く『夫の年収』1位は」CUCURU、2017年3月20日配信 https://cucuru.media/archives/115778

第1章

＊3 『2列式 新レシート貼るだけ家計簿』馬場由貴著、丸田潔監修、主婦の友社

＊4 株式会社ジェーシービー「キャッシュレスとデビットカード利用意向に関する実態調査2019」JCB調べ

＊5 指定信用情報機関CICについて　ホームページ　https://www.cic.co.jp/

＊6 独立行政法人労働政策研究・研修機構「早わかり　グラフでみる長期労働統計」

第2章

＊7 「中古住宅は実際のところ何年住める？築30年以上の物件を買うときに注意したいこと」不動産・住宅情報サイトLIFULL HOME'S 、2018年2月23日配信
https://www.homes.co.jp/cont/reform/reform_00103/

第3章

＊8 「投資目的『老後資金』38%でトップ　日経マネー調査」マネー研究所　日経マネー 特集セレクト、2019年6月19日配信
https://style.nikkei.com/article/DGXMZO46114910U9A610C1000000

＊9 金融庁「投資信託の販売会社における比較可能な共通KPIを用いた分析　2018年6月29日」2018年3月末を基準日として平均保有期間が1年以上から5年以内のデータ。

＊10 「投資信託は「儲からない」は本当か　金融庁レポート分析」LIMO、2018年7月7日配信
https://limo.media/articles/-/6594

＊11 中小企業庁「中小企業白書」企業の実態の国際比較

＊12 総務省統計局「平成30年　労働力調査年報」年齢階級別転職者及び転職者比率の推移より、著者分析

＊13 総務省統計局「平成29年就業基本構造基本調査」

第4章

＊14 日本年金機構「ねんきんネット」　https://www.nenkin.go.jp/n_net2/index.html

［著者］
坂下仁（さかした・じん）
お金のソムリエ協会会長。メガバンク行員として25年以上、個人の資産形成と数千件の法人融資などにかかわり、全国の支店長を指導してきた。副業で始めたセミナーは100組超のキャンセル待ちが続き、3年間で1000組超が受講する人気セミナーとなる。その後、顧客を踏み台にして儲ける銀行の姿に疑問を感じて起業、独立し、2018年にお金のソムリエ協会を設立。本業以上の副収入を得て、セミリタイアする会員が続出するなど、受講者の約9割が夢を叶えることに成功。メソッドを学んだ人数は6000人を超える。「週刊ダイヤモンド」「PRESIDENT」「日経マネー」「ダイヤモンドZAi」「THE21」「朝日新聞」など、数十の雑誌・新聞に紹介される。主な著書に『いますぐ妻を社長にしなさい』（サンマーク出版）、『40代からは「稼ぎ口」を２つにしなさい』（ダイヤモンド社）などがある。

〈坂下仁公式サイト〉https://moneysommelier.com/

夫婦１年目のお金の教科書
――夫婦生活はお金の相性で決まる！

2020年３月11日　第１刷発行
2022年３月22日　第２刷発行

著　者――坂下仁
発行所――ダイヤモンド社
〒150-8409　東京都渋谷区神宮前6-12-17
https://www.diamond.co.jp/
電話／03·5778·7233（編集）　03·5778·7240（販売）
装丁――――山田知子（chichols）
本文デザイン―大谷昌稔
イラスト――伊藤ハムスター
製作進行――ダイヤモンド・グラフィック社
印刷・製本―勇進印刷
編集担当――武井康一郎

ISBN 978-4-478-11042-3